添乗員漂流記

岡崎大五

角川文庫 14309

添乗員漂流記　目次

※本書に登場する団体名、個人名はすべて架空のものです。

本文イラスト／グレゴリ青山

香港マフィア——香港・マカオ編

いざ美食の香港へ

見事なまでに、日本全国各地から参加者が集まっていた。

通常のツアーだったらこうはいかない。大阪の旅行会社が主催するものは関西以西の人たちが、東京の旅行会社なら、中部以東の人たちがおもな参加者になる。

ところが今回ばかりは、さまざまな方言が入り乱れていた。

「なんやて?! おみゃーさんところじゃ、みそ煮込みは置いてないんか?」

「ほげなこつ、うちはトンコツがダントツじゃけん。うまかっちゃん、知らんとね?」

「名前だけは知っているけど、店には入ってないよ。中華街が近いから、どうしても中華風の広東麵が安定した売り上げじゃん」

五十代の男性三名、名古屋の黒柳さんに大分の後藤《ごとう》さん、横浜の孫さんが話しているのは、カップ麵のことである。

「添乗員の……名前、なんやったかな?」

「オーカザキさんでしょう?」

「オーカザキ？　漢字ではどう書くんかいの？」

「オーカザキじゃなくって、オカザキでっしょ」

「あんた、紛らわしい言い方せんといて」

「そーんなこと言われても、いーばらきじゃ、どーしても……」

関西弁を駆使するのは最高齢の金本トシさん。続いて抑揚のない、間延びしたようなしゃべり方は茨城の奥田さん、この二人の間を取り持っているのは、いちばん若い函館《はこだて》の工《く》藤《どう》さんである。

「オーカザキさん……、なんやあんたの方言がうつるやないの。ともかく、今回の旅行はビタ一文、銭はいらんのやろ？　そこんところをはっきりさせてくれんとな」

梅干しばあさんそのものみたいな顔をした金本さんが、ぼくに話し掛けてきた。

「ハイ、もちろんですとも。ただし、お土産は、それぞれの負担ということで。あとはスタコンさんが全部持ってくれますからね。安心して、大船にでも乗った気分で旅を楽しんでください」

「あんた、またえらい大きく出たもんやな。わしはビタ一文出さんゆうたら、出さんから、たのんまっせ！」

最初に面々と会ったのは、成田空港内のＶＩＰルームであった。

総勢七十七名の客を二班に分けて、一班を吉村くんが、二班をぼくが受け持ち、それぞれ顔合わせかたがた、挨拶《あいさつ》をした。

なぜこれほどまでに、全国津々浦々から参加者が集まったのかというと、全国チェーンのコンビニエンスストア『スター・コンビニエンス』略してスタコン主催のツアーだったからである。

売り上げの高かった上位百店から一名ずつを招待し、香港で表彰式を執り行うのだ。と同時に、ふだんはなかなか店を空けて休めない、店主たちを慰労する意味合いもある。ただし、どうしても店を留守にできない店主がいたことから、参加者は七十七名になったのである。

もともとスタコン関係の出張や旅行は、業界大手のM旅行会社が一手に引き受けていた。数年前までM旅行会社に勤務していた吉村くんは、現在は、新興のTトラベルの営業部長の職にある。部長と言っても実質部下は二人だけという弱小旅行会社だが、スタコンの大沢総務部長と吉村くんには以前から個人的な付き合いがあり、そこで今回、Tトラベルではじめて仕事を受けることになったらしい。

吉村くんのツアーには、ぼくはこれまで数回添乗をした経験がある。

タイとドイツはM旅行会社時代に、前回の韓国はTトラベルに移ってからだ。

いずれのツアーも山あり谷あり、単なる旅行がどうしてこれほど波乱にみまわれるのかわからないけど、とにかくいつもたいへんな目に遭っている。

これはひとえに、吉村くんのいい加減さが招いたことだとぼくは思うが、吉村くんは吉村くんで、ぼくのオーラというか性格が災いし、騒動を呼び込んでいるんじゃないかと言い張っている。

その吉村くんは、ぼくの隣で大沢部長と話をしていた。

丸い窓の向こうには夕暮れが広がっている。あたりはすでに暗くなりはじめているのに、弓なりをした西の彼方《かなた》は、燃えるような茜《あかね》色だ。

空の上でしか味わえない光景である。

でも二人とも、窓の外にはまったく興味を示さずに、話に夢中になっていた。

「さっき出されたビーフステーキ、肉がちょっと硬くはなかったか？　たぶんあれはオージービーフなんだろうが、航空会社も機内食にもっと力を入れてもらわんとな。この前、上海に出張したときも同じメニューだったし。なんと言っても機内食は、退屈な空の旅で、客がいちばん楽しみにすることだろう。どれだけうちが、弁当やおにぎりの開発に試行錯誤を繰り返していることか。安全を考えて日系の航空会社を選んでいるのに、近ごろじゃ安全面でも信頼性が著しく低下している。スチュワーデスも、以前とくらべて美人ぞろいじゃなくなった気がするし」

「ごもっともです。いつも飛行機に乗っている添乗員なんて、機内食をあてにしないで弁当を持参する者もいるほどですから」

「ところで、どこの航空会社の機内食が、いちばん充実してるのだろうか?」

部長に訊《き》かれて、吉村くんは、少女マンガによくあるような大きな瞳《ひとみ》をぼくに向けてきた。

ぼくは隠れて食べていた、鉄火巻きを飲み込んだ。

吉村くんの言うとおり、この航空会社の機内食は食べ飽きていたし、量も足りないので、成田で寿司を買っておいたのである。

ただ、部長が近くに座っているので、機内食が出されたときに堂々と食べるわけにもいかず、食事のトレーが下げられたあと、テーブルの下、膝《ひざ》の上に寿司を置き、二人が話している隙を縫って、口に放り込んでいた。

目ざとく吉村くんが、ぼくがなにをしていたかを見抜いたようである。

肘《ひじ》で脇腹を小突かれて、ぼくは少し咽《む》せた。

テーブルの上に置いたままのお茶を喉《のど》に流し込む。

「この男は、一年のうち二百五十日以上を旅の空の下で過ごしています。そういうことには詳しいですから」

「ホーッ！」

と感心しきりに大沢部長がぼくの顔を見た。なるほど、だから秋だというのにそれほど顔が灼《や》けているのかと暗に言っている。

吉村くんがひと呼吸置いてくれたおかげで、ぼくは少々落ち着いた。部長の表情とは対照的に、彼はぼくを睨《にら》みつけている。

「そうですね。タイ国際航空やシンガポール航空、香港のキャセイ・パシフィックや台湾の中華航空、それに韓国のコリアン・エアーは充実しているように思います。意外にいいのがインディアン・エアラインで、なぜかと言えば、本場のカレーが機内食で食べれますから。アメリカの航空会社は、一様に機内食は貧相です。やはり激しい価格競争にさらされているせいでしょう。時季によっては、アジアへ行くのもアメリカに行くのも値段が変わらない。逆にアジアより遠くて、燃料代もかさむはずのアメリカのほうが安いくらいになっている。そんなところが、物価も人件費も高いアメリカの航空会社を圧迫しているんじゃないでしょうか。つまりはコストカットが機内食の内容に響いているんです」

「なるほどな。で、ヨーロッパ便はどうなんだい？　実は女房のやつが、来年の春に、友人たちとスペインに行くと言っておってな。どのツアーがいいのか、どの航空会社を使うツアーがいいのか迷っているんだ」

「いちばん人気はイギリスのバージン・アトランティックでしょうか。エコノミーでも懐石風の料理が出ますから。それとやっぱりエール・フランス。シャンパンやワインもおいしいですし、料理はもちろんのこと、チーズやコーヒーにまで気を遣ってます。コロンビア産のコーヒーが出されるんですよ」

「そうか。スペインは直行便がないらしいから、ロンドンかパリ経由だな」

「ただ、ほかの航空会社でも、日本便はドル箱路線で、それほど悪くはないですよ。小腹がすいたとき、サンドイッチやカップ麺《めん》のサービスをしてくれるところや、アイスクリームを用意しているところもあるし。日系の航空会社だってがんばってます。それになにより、大手を振って日本語を使えるのは安心ですしね」

「つまりはどの航空会社を使っても、帯に短したすきに長し……大差ないってことか」

と部長は、期待はずれのため息とともに話を締める。

ぼくは苦笑するより仕方がなかった。

添乗員という立場上、どの航空会社がいいかなんて、はっきりとは断言できないのだ。人によって好みがあるし、ツアーがどの航空会社を利用するのか、直前まで決まらないことだってある。

機内では免税品の販売がはじまっていた。

客室乗務員がワゴンを押してくる。ヨーロッパやアメリカにくらべれば、美人ぞろいであることは間違いがない。ただアジアの、たとえばタイ国際航空やシンガポール航空にくらべると、どうかなとも思う。

近ごろは、いったん日系の航空会社に就職したアジア人客室乗務員が、訓練だけ受けて、自国の航空会社に転職するケースが多いのだ。日系の航空会社で働いていたことが、キャリアアップにつながってより入社しやすくなるし、自国の航空会社のほうが待遇がいいからである。結果、優秀な人材が流出しやすい状況になっている。

日系の航空会社のように不祥事が続いていると、やはりいろいろな部分でひずみが生じる。そして働く者の意欲や責任感はいやおうなしに低下してしまうものなのだろう。

ただ、この機の客室乗務員は、笑みを絶やすことなく、懸命にサービスしていた。

そんな彼女たちの姿を見ていると、彼女たちこそ会社を支える存在だと思えてくる。添乗員も同じだけれど、会社はどうあれ、客と向き合わざるをえない現場は、いつだって真剣勝負なのである。

「ネエちゃん、あんた、ええ女やなあ」

と、客室乗務員に声を飛ばしている人がいる。

「生まれはどこと?」

「博多《はかた》です」

「おれは福沢諭吉先生の大分と。同じ九州やって、仲良うしようやなか」

客室乗務員の彼女の笑みは、強《こわ》ばっていた。

どうしようもないおやじだなと思いつつ、通路に顔を出してよくよく見ると、ぼくの客である。VIPルームでカップ麺の話をしていた名古屋、大分、横浜の三人だったのだ。

いちばん通路側に座った横浜の孫さんが、なにを思ったのか、客室乗務員のエプロンの紐《ひも》を引っ張った。

「キャッ!」

と彼女は小さく叫ぶ。

「エロイでえ」

と名古屋の黒柳さんの声がする。

外国人の客室乗務員なら遠慮がちになるところを、日本人相手なら度が過ぎることをする人がいる。その典型だ。ちらっと見える孫さんは顔が赤らんでいた。きっと飲みすぎなのである。

「孫さん! 黒柳さん! 後藤さん!」

とぼくは、食べかけの寿司を座席に置いて席を立ち、彼らのところに歩み寄る。

「すみません。ちょっと飲みすぎたみたいで」

と、客室乗務員に何度も謝りながら頭を下げた。

「全然飲んでなんかいないぞ」

と孫さんが言い返してくる。

「機内は思ったよりも酔うんですからね。気圧が低い関係で」

とぼくは彼を諫《いさ》めた。どう言い訳しても、酒を飲んだ顔なのだ。

「そやから言うたやろ？　どうも酔いが早うなかかっちゅうて。なあ」

「そんなことより、エロかったわあ。いまの声。やっとかかあと離れ離れになれる喜び、あんたらにゃわからーすか？」

「わかりますとも」

「ほげなこつ自由や」

酔っ払いはどうしようもない。

三人は、ぼくの存在すら目に入っていないようだった。この便は、香港まで五時間半の予定である。あと二時間、この人たちをマークしておかなくてはとぼくは思った。

「オーカザキさん。飲茶《ヤムチャ》でしょ、フカヒレでしょ、北京ダックでしょ、それにあと、アワビのお粥《かゆ》も出るんだよね？」

自分の席に戻るため、ワゴンの後ろをくっついていく恰好《かっこう》になったぼくに、奥田さんが声を掛けてきた。

たしか日程表のメニューにはそう記載されていたはずである。

「テーレビで見たんだけどさあ。フカヒレって、コラーゲンでしょ。コラーゲンは肌にいいんだよね」

と奥田さんは、ぽっちゃりとした頰を擦《さす》った。

「もちろんですとも」

「わたしはね、漢方薬を買いたいんです。連れていってもらえないかしら。母さんが冷え性だから」

と工藤さんが、読んでいたガイドブックから顔を上げる。

「たぶん時間はあると思いますので、ご案内します」

「そんであんた、全部タダなんやろね」

いちばん奥の座席から、にょきっと顔を出したのは、金本さんである。

「漢方薬は有料ですが、フカヒレなど食事は全部タダですよ」

「だって、おばあちゃん、パンフレットに書いてあったっしょ？　フカヒレのことは」

「そやったんかいな。そんならええんや」

見ようによっては、いちばん若い工藤さんが孫娘、奥田さんが金本さんの娘に見えなくもない。口うるさそうな金本さんに、のんびりとした口調の奥田さん、そんな二人を気遣う工藤さんが一緒にいてくれて、ぼくは心強かった。

ぼくひとりで金本さんの面倒をみさせられたなら、きっと体がいくつあっても足りやしなかったろう。

自分の座席に戻って、おやじ三人組の様子をうかがいながら、食べかけになっていた鉄火巻きを隠れてつまむ。

「吉村くん、食事のほうはだいじょうぶなんだろうな。いまさっき、フカヒレの話が出てたみたいだけど、みなさんに満足してもらえるんだろうね。うちの社の考え方として、まずは社員に気持ちよく働いてもらうことが大切なんだ。社員が仏頂面をしていたんでは、結局お客さまには喜んでもらえないことになる。サービス業の基本だよ。これはフランチャイズのオーナー方にも言える話で、オーナー方が、意欲的に商売してくれたなら、お客さまの満足度は上がり、ひいては我が社の利益につながる。そういうもんだろ？」

「ごもっともです」

と吉村くんは、目を閉じて深々とうなずいている。

「で、食事はだいじょうぶなんだろうな。皆さん、ふだんは店が忙しくて、外食もままならない人がほとんどなんだ。なにせ二十四時間、三百六十五日休みなしだからな。美食の香港をそれは楽しみにしておられるんだよ。スタコンが、ここで失敗《しくじ》るわけにはいかない。今後さらにオーナー方に頑張ってもらうための旅行でもある」

「おっまかせください。この吉村に」

と彼は胸をドンと叩《たた》いた。

でもぼくは、なんだが胸騒ぎがした。

吉村くんが安請け合いすると、かならず問題が起こるものなのである。

香港マフィア

飛行機は、古びたビルの間をかすめることもなく空港に到着した。

着陸はいたってスムーズだった。ひと昔前の香港だったなら、風が強い日などは着陸がうまくいかずに何度もやり直し、そのたびに窓から香港の街がすぐそこに見えて、肝を冷やしたものである。

それが一九九八年、香港が中国に返還された翌年に、新空港がオープンし、いまでは香港名物だった着陸時のドキドキ感はなくなっている。

香港が中国に組み入れられて、なにか変わったのだろうか。

中国は入国するのに、あらかじめ日本の中国大使館でビザの取得が必要だけど、香港は三ヵ月以内の滞在ならば、ビザは要らない。流通する通貨も中国元ではなく、香港ドルのままである。もちろん紙幣も違う。本土の中国人が、特別な許可がないかぎり、香港に移住できないのも以前のままである。

ひとつの国になったはずだが、中国政府は、いまのところ香港はあくまで香港として扱っている。

それは、街に入っても言えることだった。

魔物でも棲《す》んでいそうな古びたビルがそのまま残り、赤や黄色のネオンサイトは、二階建バスが走るギリギリの低さまで通りに迫《せ》り出す。路地には屋台が道を埋《うず》め、見ているだけで、香辛料や食べ物の匂いが届いてきそうだ。人や車が無秩序とも思えるほどに行き交っている。

もちろんモダンなビルが立ち並ぶ一角もある。金融街では高級外車ばかりが走り、外国人も目立つ。

ガラス張りの新空港内には免税店やブランド店があふれ、成田などより、よほど国際的で都会的、進取の空気が漂っていた。

豊かさと貧しさ、スマートさと猥雑《わいざつ》さ、美しさと汚なさ……なにもかもがごちゃ混ぜの香港は、昔からちっとも変わっていない。

そしてこんな香港らしさは、ガイドの龍さんの姿が、よく言いあらわしているようにぼくには思えた。

一言で言って龍さんは、どこか怪しかったのだ。

短髪に、レイバンのサングラスをかけ、黒のスーツに衿《えり》の大きめな白いシャツを着ている。もちろんネクタイなど締めず、シャツの衿が、スーツの衿の上に重なっている。

すっきりとした服装ながら、顔には吹出物のあとが目立ち、醸し出す雰囲気も、モダンなビルが立ち並ぶ一帯から、九龍の魑《ち》魅魍魎《みもうりょう》でも棲んでいそうな路地裏へと連れていかれそうな感じなのである。

だから空港で最初に会ったとき、吉村くんはやけにビビッて、入念にしなければならないはずの打ち合せもあっさりすませたほどである。

客にしたって同様だ。

「ありゃ、どう見てもコレやで」

と金本さんは、頬を人差し指で切るような仕種《しぐさ》で、自らが凄《すご》んでみせた。

「おとなしくしてないと、なにされるか、わからんでいかんわ」

と、縮こまっていたのは黒柳さんである。

おかげで自由を謳歌《おうか》するはずのおやじ三人組は、借りてきた猫のようになり、金本さんも、極端に口数が少なくなっている。

初日は着いて寝るだけで、二日目の午前中、ぼくたちはバスで市内観光をした。

観光で有名な香港だけど、意外にこれといった見所はない。

今回たった四日間のツアーでも、香港だけでなくマカオも予定に入っているのはそのためだ。

もし個人で香港の街をぶらついたなら、それこそ香港らしさをいたるところで味わえて、一週間滞在しても飽きることはないだろう。でもいかんせん、がんじがらめのツアーだと、上っ面をなぞるだけの旅になってしまいがちである。清濁併せ呑《の》む香港の魅力にはなかなか迫れない。

このツアーはスタコンの主催になっている。スタコンがフランチャイズのオーナーたちを接待することが主眼なので、残念ながらいちばん楽しいはずの自由時間はないに等しい。わずかに出発する日の午前中にあるだけだ。

バスは、九龍のホテルを出発すると、派手な看板が乱立しているネイザンロードを北上し、ぐるりとまわるかたちで海底トンネルに入った。地上に出ると香港島である。海沿いは香港経済の中心だ。対岸のホテルから見えていた高層ビル群を見上げることになる。表通りは九龍にくらべてぐっと高級感が増していた。

バスはほどなく、トラム乗り場に到着した。

香港唯一の観光地とも言えるヴィクトリア・ピークに上るのだ。

山は亜熱帯の緑に囲まれ、植民地時代に建てられた、年代物の高級住宅がそこかしこに顔を出す。

十一月に入っても日差しは強く、シャツ一枚で十分である。

「あんた、タダなんやろね」

とバスから降りるや、またもや金本さんが訊《き》いてくる。

半分呆《あき》れつつ、ぼくはうなずく。

ガイドの龍さんが、ぼくの班を先導していく。バスの中でのガイディングは、ドスの利いた声で流暢《りゅうちょう》な日本語をあやつっていた。客はなんだか彼の言うがままである。

ぼくは黙って最後尾をついていけばいい。

すると、ぼくのそばに大沢部長が近づいてきた。

「岡崎くん、あのばあさんだけには気をつけてくれ。癇癪起《かんしゃくお》こされたら手がつけられないからな。うちのフランチャイズになって、もう二十年にもなるんだが、担当で二年と保《も》った営業マンはいないほどなんだ。ケチで強欲、社内でも知らない社員はいないくらいの渋ちんでな」

いかにも秘密の話でもするように、大沢部長が耳元に囁《ささや》いてくる。

「それから名古屋の黒柳さん、ああ見えて、店を三軒所有している大地主なんだよ。飛行機の中で、態度の悪さを注意したみたいだが、あの人には気持ちよく、なるべく派手に遊ばせてやってくれ。ふだんは地味でも、いざとなったら惜し気もなく金を使うから。名古屋は豪勢な結婚式で有名だろう？　あの人の自宅の豪邸には、屋根に金のシャチホコが載っかっているらしい。まあ、名古屋人らしい人と言えば、そういうことだが、かなりわがままでもあるからな」

「大五さん、ほんとにたのみますよ。二班には重要人物が多いですからね」

大沢部長の横で、吉村くんが、大きな瞳《ひとみ》をぼくに向かって投げつけた。

今度はぼくが吉村くんを睨《にら》み返す番である。

重要人物なら、自分の班に組み入れればよかったものを、なぜぼくの班に入れたのか。

彼が担当している一班は、いかにも人のよさそうな、おとなしい客ばかりで、ガイドもふつうの中年女性の謝さんだ。

深読みするならば、もし万が一、金本さんや黒柳さんにツアーが不評であっても、ぼくのせいにできるからにちがいない。逃げ道を確保することで、スタコンとの付き合いだけは末長く続けようという魂胆だろう。

吉村くんの考えそうなことである。

「大五さん、もうみんなトラムに乗り込んでますよ。急いで」

吉村くんに言われて、ぼくは早足に一班と合流し、トラムに乗った。

「こりゃ、どえりゃあ傾斜やで」

と黒柳さんが、驚きを隠すことなく大声でしゃべっている。

龍さんが彼のほうを振り向くと、とたんに黒柳さんは口を閉ざした。

「いやほんまに、だいじょうぶなんかいな？　なんや後ろに引っ繰り返りそうやで。事故でもあったらどないするんや。わしゃまだ死にたくないでえ」

「おばあちゃん、落ち着いて。ジェットコースターにくらべれば、どうってことないっしょ」

と隣に座った工藤さんが、金本さんをなだめる。

たしかにトラムはかなり傾いていた。

何度も乗っているぼくでも苦手だ。ジェットコースターが好きな人にはどうってことがないかもしれないが、ぼくと同様、ジェットコースター嫌いにはたまらない。胃が持ち上がってきそうな気分になるのだ。

発車のブザーが鳴り、トラムが動きだす。

後方に座った一班のほうからは歓声があがっているというのに、ぼくの周囲の二班の人たちは、じっと息を圧《お》し殺しているようである。

振り返ればビル群と、海、その向こうにぼくたちの泊まるホテルも見渡せた。

いまは昼間だが、夜にはネオンが輝いて、香港名物百万ドルの夜景が楽しめる。

「今夜はディナークルーズですからね。その時に百万ドルの夜景はご覧いただけますよ」

つとめてやわらかく、ぼくはしゃべった。

「わしが死んだら、どないしてくれるんや。旅行保険などもったいないから入らんでええっちゅうのに、くされ倅《せがれ》が無理やり入れおってからに。なんでも旅行保険は死亡金額が二千万だそうやないけ。生命保険とダブルで受け取れる。ばあさん、店のことは気にせんと、遊んでこいなんて怪しいかぎりや。さしずめ良子さんの入れ知恵に決まっとる。もしかしたら、あの鬼嫁のこっちゃ。ヒットマンを寄越しておるやもしれん」

血走った目で、金本さんは龍さんの背中を見つめた。

「このツアーじゃ、香港マフィアを雇っとるんじゃ」

「ばあさん、声がでかいでいかんわ。オイ、ばあさん、静かに……」

金本さんの後ろの席の、黒柳さんが、彼女の肩に手をあてる。

「そのうちに、おれが話をつけたるから。ええか。いまは辛抱やて」

黒柳さんの金縁眼鏡がぼくのほうを見て光る。

たしかに、直接龍さんに「あんた、香港マフィアなんだろう?」とは訊けないに決まっているのだ。

そこでぼくなら言いやすい。きっとあとから文句でも言われるにちがいない。

いくつか小さな駅を通り過ぎ、蒲鉾《かまぼこ》を引っ繰り返したような奇妙なかたちの建物内にトラムは入る。ここが終着駅になる。ちょっとしたレストランや土産物屋を横目で見ながら、展望台に向かって歩く。

先頭を歩く龍さんを尻目《しりめ》に、おやじ三人組と金本さんたち三人が、最後尾のぼくにくっついてきた。

「岡崎くん、ガイドがあれやったら、のびのびできんでいかんわ。あんな男は辞めさせて、若いネエちゃんにでも替えてくれんかの」

案の定、黒柳さんがぼくに話し掛けてきた。

後藤さんも孫さんもうなずいている。

「若いネエちゃんだなんて……」

と二十代の工藤さんが反発をする。

三人はいかにもバツが悪そうだ。

そんな空気を取り払うべく、黒柳さんが口を開いた。

「ともかくや、金本さんが可哀相やろ。すっかり脅えておらーすが」

全員が金本さんの顔を見る。

しかしその表情は、脅えているというよりも、闘志満々である。

「いっそのこと、わしがグサッとやってもうたろか。鬼嫁に殺されるくらいやったら、こっちから先にしかけてやるわ」

「おばあちゃん、物騒なこと、言うのはやめてえ。せっかくの旅行でしょう」

「そうですよ。龍さんが香港マフィアなわけがないでしょう? 彼は単なるガイドです」

奥田さんの話につなげるように、ぼくは言う。

「そげなこつ、わからんとやろ」

と後藤さんが首を突っ込んでくる。

「週刊誌に書いてあったと。香港は香港マフィアが牛耳りよるって」

「横浜でも、中国マフィアが進出してるんだ。蛇頭って、知ってるでしょ。近ごろは、表の稼業もやるから、パッと見ただけじゃわからなくなっている」

「ほら、見てみい。あの男は見かけからして香港マフィアやろ」

週刊誌のネタを足掛かりにして、事実みたいに言われても困る。

「だいたいマフィアの一員が、ガイドなんかになりますか。いくら下っぱだったとしても。ふつうは麻薬の売人だとか、用心棒とか、ポン引きだとか、商店に出入りして見かじめ料を集金にきたりとか……」

ぼくは思いつくかぎりの例をあげ、龍さんのマフィア説を否定する。

「うちの店にもゴロツキが、昔はよう来とったで。そやけどな。わしが竹ぼうきで叩《たた》いて追い出したったん」

と金本さんは得意気だ。

話がぼくの思うようには展開しない。

「ばあさん、やるもんやね」

と後藤さんは感心している。

「岡崎くん、ヤクザがわしら店をやっとるもんにとっては、いかに敵かがわかったやろう？　あのガイドを首にする。いいな」

黒柳さんは、まるで捨て台詞《ぜりふ》みたいに吐き出すと、距離の離れた列の前を追いかけた。

ほかの面々も黒柳さんにつられて歩きだす。

「岡崎くん、なにかあったのか？」

と後ろから追いついてきた一班の大沢部長が話し掛けてきた。

説明すると、部長の顔は強《こわ》ばった。

「みなさんのおっしゃることももっともだ」

と変に納得している。

でも香港の旅行会社を選んだのは、吉村くんである。

首にするなら、彼の仕事だ。ぼくに、なんの落ち度もないガイドを首にする権限はない。

これまでも、世界中でいろいろなガイドと一緒に仕事をしてきたが、途中で辞めさせた例はなかった。

吉村くんは、部長の話を受けて、一班の女性ガイドと話し込んでいる。

「いえ、実はですね。ぼくもいま彼女から聞いたんですが、龍さんが実は現地の旅行会社の社長だそうで。日本でぼくが連絡を取り合っていたのは龍さんという人物で、まさか同じ龍さんが、ガイドまでしてくれているとは……」

吉村くんの声は、どこか弱々しかった。

身長の高いぼくの顔を覗《のぞ》き込むような視線も気になる。

吉村くんは、きっとなにか隠し事をしている。そんな直感がした。

「じゃあ、簡単には首は切れないと……」

腕を組んで部長は唸《うな》る。

「うちでも総会屋対策には頭を悩ませていてだね。やつらときたら、こちらが気づかぬうちに、懐に入り込んでいたりする」

「でも香港マフィアだなんて、ありえない話だと思うのですが……」

吉村くんは、現実ではなく、あくまで希望的観測を語っているような顔である。

「困ったな……」

と部長がつぶやく。

「でも部長、龍さんがマフィアの一員だと決めつけるのは、まだ早すぎると思います。見かけはともかく、仕事ぶりはごくふつうですし」

ぼくは、あえて押し寄せる大波にあらがうように、つとめて冷静に言った。

「まあ、たしかにそうだな。たとえマフィアの会社だったとしても、みなさんが旅行を楽しんでくれればいいんだからな」

「大五さん、だいたいこれは二班の問題じゃないですか。一班はなにも問題はない。お客さんの誤解を解くのが、添乗員としての役目でしょうが」

「それも、もっともな話だな」

結局問題は、回りまわって、ぼくのところに立ち戻る。

ブーメランじゃあるまいし……。

嘆いたところで、吉村くんはシラッとしていた。

吉村くんと龍さんの間でなにかあったのだろうか。でもいまは聞きようがない。ホテルに戻って夜にでも、吉村くんの口を割らせることだ。

どういういきさつで龍さんの会社を使っているのか知らなければ、龍さんの香港マフィア説は打ち消せないし、客に説明のしようもないのだ。

社長自らがガイドをやっているとは、いったいどういう旅行会社なのだろう。

吉村くんの話では、いまのところ、龍さんを首にするなんて無理である。

だとすれば、それまで客に気にせず遊んでもらうことが大切だ。

展望台から香港の街を一望すると、三十分間自由時間になった。トラムの駅があるピークタワーで買物をしてもらうためである。帰りはトラムに乗らず、迎えにきているバスで山を下りることになっている。

ぼくは客と一緒に土産物屋を覗きつつ、頃合を見計らって、ひとりで駐車場に向かった。

ぼくに駆け寄ってきたのは、工藤さんである。

「岡崎さん、あれ見てよ。みなさんますます、龍さんのことをマフィアじゃないかって疑っているのよ」

工藤さんは両親がコンビニを経営している。本人はOLをやっており、海外旅行は大好きだと言っていた。ハワイやバリ、プーケットには行ったことがあったけれど、香港ははじめてなので両親に代わって参加したのだそうである。

「龍さんが香港マフィアだなんて、ありえないっしょ」

と工藤さんは、海外に慣れた若者らしい発言をする。

ふつうはそうだが、ぼくは吉村くんの弱々しかった声が気になっていた。

駐車場の脇には例の五人が固まって立ち、バスの近くにいる龍さんをじっと見ている。

なんと龍さんは、上着を脱いで、いかにもしなやかな感じで、カンフーかなにかの練習をしていたのである。

アワビの誘惑

海外ツアーは、日本の旅行会社がすべてを取り仕切っているわけではない。飛行機は当然航空会社に、ホテルやレストラン、ガイドやバスも現地の旅行会社に手配してもらうのがふつうのやり方である。

だから出発前に打ち合せをするとき、現地旅行会社の東京支店の担当と、細部にわたって確認することもある。

日本では、コースを考え、集客し、添乗員を決め、あとは現地旅行会社まかせになるのだ。

ヨーロッパでは、手配を専門にする大手の旅行会社が数社あり、彼らが直接、あるいは現地のさらに小さな旅行会社を使って、国を越えて仕事をしている。ツアーでなにか困ったことがあれば、そういった手配専門の旅行会社が動いてくれることにもなっている。

その他の地域では、一部を除いて、たいがい国ごとに旅行会社を探すものである。

それが今回の香港は、龍さんが社長をつとめるドラゴン・ツアーだったのだ。

昼食のレストランに入っていくと、『歓迎ドラゴン・ツアー』と日本語で、立て看板が立て掛けられた部屋に通された。客のだれもがドラゴン・ツアーなんて知らない。知っているのはTトラベルのほうである。でもレストランが予約を受けたのは、ドラゴン・ツアーのほうなので、こういった表示になるのだ。

これはホテルに泊まっても言えることで、日本から客の家族なり知人が、急用で電話した場合など、日本の旅行会社の名前を言っても通じず、すったもんだしたりする。そんな場合はあらためて、日本の旅行会社に連絡をとり、現地のほうから折り返し電話してもらうよう頼んだほうが確実である。

さて、ではどうして今回吉村くんは、ドラゴン・ツアーに手配を依頼したのだろうか。M旅行会社の流れなら、M旅行会社が資本を入れている現地旅行会社もあるはずだ。

そんな会社なら、実績もあり、信頼もできるにちがいない。

「だってしょうがないだろ。M旅行会社系列を使ったとするだろう。客はスタコンだ。スタコンがどうしてTトラベルのツアーで来ているのか、香港からM旅行会社の本社に連絡が入る恐れだってある。そんなことはスタコンの自由だけれど、M旅行会社の営業担当だって黙っちゃいない。反転攻勢でも仕掛けられたら、うちみたいな弱小旅行会社はひとたまりもない。こっちとしては、ひとつずつ、大沢部長から、規模の大きなものをこっそりと回してもらう計画なんだ。もちろん、だから金額的にも精一杯勉強させてもらったんだよ」

「またもや、ツアー代金を懐に入れたんじゃないでしょうね」

吉村くんと大沢部長が結託し、闇の世界に通じるドラゴン・ツアーを使って、なにかの資金をプールする。場所が自由貿易の香港だけに、ありえないことじゃない。

それに以前吉村くんは、政治家の後援会ツアーで、裏金づくりに手を染めたことがあったのだ。帳簿上の代金よりも実際のツアー代金を安くして、差額を裏金にした。

「ま、まさか。そんなことをするもんか。大沢部長の名前は岩男。岩みたいに堅い人物なんだから。部長だって、おれだって、そんなことはしない。裏金づくりはもう懲りたんだよ。それに問題は、大五さんが面倒をみるはずの二班で起こっているんだ。プロなんだから、自分で解決してくれなきゃ。そうでしょう？　じゃあ、お先」

吉村くんはそれだけ言うと、そそくさとトイレから出ていった。

ぼくは一応納得はした。

M旅行会社系列の旅行会社を使わなかったのは、戦略的にわかる話だし、後援会ツアーのせいで、M旅行会社を辞めたような彼が、もう一度悪に手を貸すこともないだろう。

決して吉村くんは、ウソはついてない。

ただ本当のところは、まだ話してくれていないようでもある。

トイレをすませて、ぼくはレストランに戻った。

龍さんが、ひとりぽつんとサングラスをかけたまま座っている。

会場には円卓が十五以上も並べられていた。一卓に付き、座る客は五、六名である。吉村くんや大沢部長、謝さんは同じ席に座っているのに、まるで、龍さんは避けられたみたいにひとりだ。

すでに座っている吉村くんに、龍さんと同じテーブルにつくよう目配せされる。

ウエイトレスが飲茶《ヤムチャ》をワゴンにのせて、卓をまわっていた。

「岡崎さん、なにか食べたいものがあったら言ってくださいね」

と低い声で龍さんが話し掛けてきた。

「客と一緒でいいけれど……」

「でもね。体の大きなあなたのことだ。足りないかもしれないと思って……」

なんだか日本の国内旅行みたいな話であった。

日本国内をツアーでまわる添乗員やバスのドライバー、ガイドは、刺身とてんぷらに辟易《へきえき》となる。いつだって、どこでだって、刺身とてんぷらがついてまわるのだ。だから別室で、別の料理が出されることがある。あるいは、昼食がしがない弁当だったりすると、レストランの人が気を利かせて、客と離れた席でジンギスカンを振る舞ってくれたこともある。

ただし、ここは香港である。それも客からよく見える席だ。べつのものを食べるわけにはいかない。

しかし龍さんは、ウエイトレスを呼びつけて、なにか余分に注文したようだった。

まずは客と同じメニューが運ばれてくる。

透き通った皮がきれいな蒸しエビ餃子《ギョーザ》に、大根もち、チャーシュー肉まんである。

竹で編んだせいろから湯気が立ち上る。

せいろが場所をとるから、いかにも豪華に見えるけど、エビ餃子は二個、大根もちと肉まんは一個ずつである。

しばらくしてから運ばれたのは焼きそばで、一緒に杏仁《アンニン》豆腐も出される。

一応メニューのとおりだが、ぼくでなくたって量が足りない。

「これで全部ですよね」

と龍さんに訊《たず》ねてみると、彼は自信ありげにうなずいた。

「ですから、アワビを頼んだんです。ほら、ちょうどきた」

ウエイトレスがぼくの前に白い容器を置いた。

蓋《ふた》を取る。

湯気と一緒に、茶色のソースにからまった、大ぶりのアワビが顔を出す。添え物の青菜が鮮やかだ。

「昔からアワビは香港に集められるんですが、日本産が最高級なんですよ。これはたしか富山あたりから入ってきたものだと思います。飲茶で腹一杯になるまで食べても、このアワビ一個の値段には到底追いつかないでしょう。なんと言っても乾燥アワビは、年々数が少なくなっていて、世界でもっとも高価な食材のひとつと言われているほどですからね」

ぼくは躊躇《ちゅうちょ》しつつも、あたりを見回した。客のほうから見えにくいよう、アワビの入った容器を、せいろを積み上げ隠す。

そうしておいて、いや、やっぱりまずいと自重した。

すると龍さんがこう言った。

「わたしがガイドに向かないことはわかっているんです。でも頼んでおいたガイドが急に体調を崩してしまって、それでやむなく出動したというわけなんです。お客さんたちが、わたしのことを気に入ってないのもわかります。吉村さんは全然、わたしの話を聞こうともしてくれないし……。そこを岡崎さんの力でなんとかしてもらいたいんです。お願いします」

ぼくはアワビと龍さんを見較べた。

もしかしたら、このアワビが魑魅魍魎《ちみもうりょう》たちの住む裏社会に通じているのかもしれない。食べたら最後、ぼくも構成員になる？……まさか。

「早く食べてください！　みなさんそろそろ食事がおわりますよ」

龍さんに言われてぼくは、思わずアワビにかぶりついた。

頭ではだめだとわかっちゃいるが、体と舌が欲したのである。

肉厚の身は、歯が悪い人でも千切れるくらいにやわらかい。旨味《うまみ》のたっぷり入った甘さがじんわりと口中に広がってくる。

生アワビとはかなり異なる味である。強いて言うならシイタケと乾燥シイタケの違いだろうが、広東料理の奥深さに出合った気がする。

アワビだけでも高級なのに、乾かし戻して調理をしたら、高級が最高級になったのだ。

椅子にもたれて恍惚《こうこつ》となる。

さすが美食の香港である。

「岡崎くん！」

と呼ばれてぼくは、慌ててその場で起立した。

すぐそばで、黒柳さんの金縁眼鏡が光っている。

歯形のついた、食べかけのアワビが視界に入った。

見られたら……まずい。まずすぎる。

体をいざらし、衝立《ついた》てのようになる。

「あんたに言うても、ラチがあかんのやろうが、ありゃあいったい、どういうことなんかと思ってな」

「どうって？　それはまた……」

「とぼけんなっちゅうのや」

「ひとつひとつはたしかにうまい。この店が高級店だと言うのもわかる。でもいかんせん、量が少なすぎるじゃん」

黒柳さんに後藤さん、そして横浜の孫さんまで話が続いて、やっとぼくは理解した。

金本さんたち女性三名も、口々になにか言いながらこちらに向かってくるのが見えた。

隣に座っていたはずの龍さんは、すでに宴会場の入口で旗を振っている。

「たしかに飲茶だったわよ。でもお粗末すぎるっしょ」

と工藤さんは口を尖《とが》らせ、

「まーだ、ラーメンくらいならー、全然いけるわー」

と、奥田さんはやや出っ張り気味のお腹を叩《たた》いた。

「そやから言うたやろ。スタコンはしわいゆうてな」

「しわい?」

ぼくの問い掛けに、

「渋いっちゅうこっちゃ」

と金本さんが顔を出し、気迫のこもった声で言う。

「あれ? なんぞ?」

その金本さんが、テーブルの横のほうから、アワビの入った容器を見つめた。

黒柳さんをはじめとする男性陣に気をとられすぎ、ぼくは、あとからひょっこりあらわれた金本さんに対して、あまりに無防備だったのである。

「あんなもん、うっとこにはなかったやんけ」

金本さんの細い目がヘビのようになる。

「あー、岡崎さん、ズルしてるっしょ」

と工藤さんにも睨《にら》まれる。

「ガイドブックにも出ていた乾しアワビじゃないの。この写真にそっくり」

「なんやてー!?」

と黒柳さんが声を張り上げながら、工藤さんが持っていたガイドブックを覗《のぞ》き込む。

全員が、ガイドブックと本物を見較べた。

「アワビやないか！」

「アワビや、間違いなか！」

「アワビじゃん！」

と、男性陣がそれぞれ叫ぶ。

「アワビなんぞ、何十年も食べちゃおらん……」

と金本さんがつぶやいた。

「何十年もですかあ？」

と奥田さんが、のんびりとした口調でいぶかしがった。

グルメ大国日本で、金本さん、あなたはいったいどんな暮らしをしてるんですか？

たぶん全員同じ思いだったのだろう。金本さんのほうを見る。

「そんなもん、贅沢《ぜいたく》は敵やっちゅうて、教えられたさかいにな。アワビを最後に食べたんは、倅《せがれ》の結婚式のときやった。ふだんの朝は、ご飯に味噌汁《みそしる》、おこうこだけや。昼は朝の残りの味噌汁におむすびが二個。夜は目刺しに、おひたし、ご飯に味噌汁や。近ごろの日本人はどうかしておる。なにがグルメじゃ。ちょっとばかり金ができたからゆうて、食いもんのことでとやかく言うんは、あさましいやろ。うちの店はな、日雇いや路上生活者のおっさんたちがぎょうさん来よる。みんな貧乏人や。そやけどうちにとっては、大切なお客さん。うちらが贅沢しておってみ、反感買《こ》うて、きっと商売ができんようになる。商い言うんわな、客の気持ちを汲《く》んでなんぼのもんやろが」

金本さんの話に、アワビはどこかに吹き飛んだ。

全員がうなだれ気味に、彼女の話を聞いていた。

中でもいちばん頭《こうべ》を垂れていたのはぼくだろう。歯形の残ったアワビが、なにより雄弁に、ぼくのあさましさを語ってくれているのだ。

「大五さん！　なにやってるんですか？」

と吉村くんが呼びにきた。

「二班の人たちは、もうバスに乗り込んでますよ」

吉村くんは面々の顔を見ると、脅《おび》えたような表情になる。

「大五さん、今晩、ちょっと話があります」

その時ぼくは、彼がこのツアーの核心を、やっと話す気になったと感じた。

しかし彼が詳しい話をする前に、事態はさらに紛糾したのである。

ツアー旅行の舞台裏

添乗員は、客に渡される日程表とはべつに、もうひとつ英文の日程表を持っている。これは現地の旅行会社……今回はドラゴン・ツアーが作成したものである。

それによれば、この日は飲茶の昼食後、DFS（免税店）などに立ち寄り、夕方五時にいったんホテルに入って、午後七時、遊覧船での夕食のためホテルを出ることになっていた。ホテルに戻るのは午後十時の予定だ。

英文の日程表には、出発時間や到着時間、観光場所の内容、レストランの連絡先やメニューなどがこと細かく記されている。添乗員は、この日程表を基本にツアーを進めるのだが、たとえば肉料理が続いて、客がうんざりしていたときなどは、メニューの変更を直接レストランに頼んだりする。

遊覧船での夕食には、お約束の北京ダックとフカヒレが出される予定になっていた。ただしビュッフェスタイル……日本で言うところのバイキング形式だったので、さほど期待は持てない気がした。

ビュッフェスタイルは、いろいろな料理が用意されるから、一見豪華に見える。中にはシェフがその場で作ってくれる品もあり、悪くはないのだが、基本的に料理は熱くない。いったん作った料理を保温しているせいである。好きなものを自分で取ってくるから、特段のサービスもない。

朝食がビュッフェなら、結構期待が持てる。昼食ならばまあまあで、これが夕食となると、経費を節約しているなと見るのが、プロの目というものである。

料理の種類に乏しいアフリカなどでは、このスタイルで十分だけど、美食の香港でとなると、昼の飲茶と同様、客から不満の声が出るにちがいない。

経費を節約している以上、たぶん北京ダックはひとりあたり二切れか三切れほど、フカヒレだって、散翅《サンツー》という一本一本がバラバラになった安価なスープが出されるはずだ。

一班の人たちからは、大沢部長がバスに同乗しているために、あからさまな批判はあがっていないようだった。せいぜい「タダなんだもん、しょうがないわよねえ」というあきらめに似た声を、小耳にはさんだ程度だ。

でもぼくのバスでは、金本さんのきつい説教もなんのその、バスに乗り込むや、例の男性三人組から不満ののろしが上がった。

「なにが美食の香港だ⁉」

「ほんまやて。ちょびーっとやで。ほんのちょびーっと味見をしただけや」

「まるでスーパーの試食やなかか」

「これだったら、なにも店を女房にあずけて、香港までくることなかったじゃん」

「スタコンも、先が暗かとよ」

「いっそのことべつのチェーンに鞍替《くらが》えしようかな」

「スタコンもスタコンなら、添乗員も添乗員だがね。ひとりでアワビを食べとった」

「アワビ!?」

「なんじゃ、それ？」

おやじ三人組の愚痴をきっかけに、のろしに火が点《つ》き、燃え広がっていく。

アワビが変なところで絶大なる効果をあげてくれたものである。

車内には「ハングリー＝アングリー」の嵐が吹き荒れはじめる。

「ハングリー＝アングリー」とは、腹が減った（ハングリー）ら腹が立つ（アングリー）という意味の、ぼくがつくった造語だ。添乗員は、このことを常に心していなければならない。

だからぼくはいつもなら、現地で買っためずらしいアメやクッキーなどを持参している。移動が長くてホテルに入るのが遅くなったときなどに、全員に配って、いらつく気持ちを抑えてもらうのだ。

しかし、香港ではまだ二日目だった。買いにいくヒマもなかったし、混雑した街中で、コンビニに大型バスを止めるスペースもない。

こうなったら、いっそのこと、街中から離れて、郊外にあるラーメン屋にでも入って、日本ではめずらしい、汁なしの海老雲呑麺《えびワンタンめん》でも食べてもらうのが適当である。

ツアーには、かならず予備金がある。一ツアーで二、三万円ほどだけど、ラーメンが一杯二百円くらいなので、全員分を出したって、十分足りる金額だ。

全食事付ツアーの弱点として、そんじょそこらのカフェでコーヒーを飲んだり、ピザを食べたり、ラーメンを食べたりできないことだ。いつだって、店構えのちゃんとしたAクラスのレストランが用意されている。

これでは庶民の味方B級グルメには出合えない。とくにアジアでは、店は汚くても味は一級というB級グルメが目白押しなのである。

ただし今回予備金は、ぼくに渡されていなかった。吉村くんが仕切っているのだ。

しかし客の不満が増殖しつつあるいまこそ、予備金を使うときである。それに午後の予定は「DFSなど」となっており、「など」の分だけ時間もあるはずだ。

車内は騒がしさが増してくる。

ぼくは思いきって、運転席の隣の補助椅子に座る龍さんに、訊《たず》ねてみることにした。

「どこか、雲呑麵のおいしいところないかな」

と龍さんの頭の上に体を乗り出す。

「いくらだってありますよ。ここをどこだと思っているんです?」

体を反転させて龍さんは、ブッブッの顔に笑みを浮かべて答えた。

「岡崎さん、やっぱり足りなかったんでしょう? 昼食が。次は宝石店に行くんですがね、店の近くに、うまいラーメン屋がありますから、ご案内しましょう」

「そりゃちょうどいい。龍さんもわかってるとは思うけど、客も腹が減ってるみたいなんだよ。宝石店へ寄るついでに、ラーメン屋にも行く」

「エッ? お客さんを連れていくんですか? それは困ります」

「どうしてさ?」

「だって小さい店ですからね」

「だったら何人かずつ連れていけばいいんじゃないか」

「それは絶対できません。なんのためにあなたはアワビを食べたんですか? わたしに協力してくれる約束でしょう」

なぜここで、アワビの件を蒸し返されなくてはならないのか。

「じゃあ、吉村くんと相談したいから、携帯で呼び出してくれないか」

龍さんは、渋々といった調子で電話する。

でもぼくと話をする前に、電話は切られた。

本当に吉村くんが電話口に出たのかだって怪しいものだ。

「吉村さんも、そんな面倒なことしなくていいと言ってます。だいたい……」

何事か言い掛けて、龍さんは口をつぐんだ。

ちらっとやはり、龍さんはマフィアの一員かもと思えてしまう。横顔に暗い影がほのかに浮かんだのだ。アワビをご馳走《ちそう》してくれたやわらかな物腰から、刺々《とげとげ》しい雰囲気になっている。

宝石店に入ってからも、ぼくはラーメンのことばかり考えていた。

入口の警備員の横に立ち、道路をはさんで斜め前にある『麵』の看板が気になって仕方がなかったのだ。

日本もラーメン天国だけど、台湾以南、香港や東南アジアのラーメン屋は、日本のようにごたくを並べず、あっさりと、安くて、うまいラーメンを提供してくれる。

麵の種類はさまざまで、中華麵の細い粗麵《チョウミン》、太い幼麵《ヤウミン》、米からできたビーフン、きしめん風の河粉《ホウファン》、紙みたいな超幅広の腸粉《チョンファン》、緑豆からできる春雨もある。

具は雲呑に水餃子《すいギョーザ》、焼豚、アヒル、牛モツ、牛筋、牛バラ、豚足、魚の白身団子にイカ団子、揚げ豆腐、魚介類が入ったものもあれば、豚のスペアリブや四川《しせん》風のピリカラなんてのもある。

一杯の分量が日本の半分から三分の二ほどなので、通菜のオイスターソースがけなど、付け合わせの野菜料理も種類が豊富だ。

スープのあるもの、ないものを合わせると、日本以上の発展ぶりである。

食べる前に一言説明しておけば、盛り上がることは間違いがない。

『麵』の店には、ひっきりなしに客が出入りしていた。

プリプリの海老雲呑が載っかった、黄ニラ入りの汁なしラーメンを思い描く。

「大五さん、そんなところでなにをやってるんですか。しっかりお客さんを見ててくださいよ。二班はどうにもまとまりがない」

と吉村くんが文句を言いにきた。

たしかに二班の人たちは、黒柳さんたちを除いて、つまらなそうに店内をうろついている人が多かった。

「まったく、ツアーのさなかにラーメンを食べたいなんて言い出す添乗員がどこにいるんですか。大五さんくらいですよ」

と吉村くんは呆《あき》れ顔である。

きっと龍さんは、電話で吉村くんか謝さんに、客に出すのではなく、ぼくがラーメンを食べたがっていると告げたのだ。

「今晩の夕食はだいじょうぶなんだろうね」

と大沢部長が話し掛けてくる。

「もちろんですとも。北京ダックにフカヒレを、百万ドルの夜景を見ながらですから」

「百万ドルの夜景はいいんだよ。そんなことより問題は、料理の中身だ。ランチのメニューもたしかに飲茶は出たけどな、あれじゃいかにも少なすぎるだろう?」

「…………」

なにも答えられずに、吉村くんは絶句する。

「これで夜の北京ダックにフカヒレが、昼の二の舞だったなら、きみのところとの付き合いも考え直さないといけなくなるよ。オーナー方に感想を聞いて回ったら、どうにも好評とは言えないんだな」

「そんな部長……。経費の節減をするとどうしても」

「いったいだれがコストカットをきみに頼んだか? あれはあくまで商売上の話なんだよ。今回のツアーのことじゃない」

「でも部長、経費は少なければ、少ないほうがいいって……」

二人の会話を聞いていて、なるほどとぼくは合点した。

きっと吉村くんは、何社か香港の旅行会社に打診して、見積もりを出してもらったにちがいない。そこで最安値を付けたのが、ドラゴン・ツアーだったのだ。

安いツアーを成立させるためには、どこかで節約しなければならない。ホテルは最上級だったので、どうしたって食事の内容に響いた。

そして、この宝石店である。

ドラゴン・ツアーは赤字でツアーを請け負った。補塡《ほてん》するためには、土産物屋などからのキック・バックが不可欠になる。ぼくひとりならラーメン屋を紹介できるけど、全員となったらそうはいかない。宝石店ではなくラーメン屋に行ったなら、キック・バックがなくなってしまうのだ。「DFSなど」と日程表に記された「など」とは、宝石店のことだった。たしかにラーメン屋に行く時間などなかっただろう。

東南アジア方面の格安ツアーに参加した客から、「土産物屋めぐりだった」という感想が多いのはこのためである。

「市内観光」とはすなわち、かなりの時間が、土産物屋めぐりに費やされることを差す。

おかげで、バスを使い、入場料を支払ってもらう「市内観光」の入ったツアーより、「自由行動」中心のツアーのほうが、値段が高いというおかしな逆転現象が起こるのだ。

客に自由行動されたなら、キック・バックが期待できないからである。

吉村くんは、確実に格安ツアーを選択していた。

しかし問題の核心は、龍さんの会社が、マフィアの息のかかった旅行会社かどうかということだ。とくに二班の客は、龍さん＝香港マフィア説に端を発して、不満が膨らんでいったからである。

「出さんかい！　こりゃあ」

と店内に、日本のヤクザみたいな声が響き渡った。

「ダメです。出られません」

と、もうひとつある出入口で、金本さんと龍さんがもめている。

「なんや、これは。刑務所やないけ。なんでドアの外に鉄格子がはまっておるんや。わてをビビらそう思うても、そうはいかんで。ヤクザがなんぼのもんじゃい？　香港マフィアだと？　笑わせんなよ」

徐々に二班の面々が、金本さんの周囲に集まってくる。

両手にいくつも小さな紙袋をさげた黒柳さんが、人を押し退け、最前列に立つ。

「ばあさん、よう言うてくれた。おれもおかしいとは思っとったんや。店の中に閉じこめられて、買物を強要される。そんなことがあって、ええんか?!」

強要されたわりには、黒柳さんは宝石類を買い込んでいる。

タックスヘブン（税金避難地）と言われる香港は、ほとんどの商品に関税がかからず、なおかつ法人税も所得税もきわめて安い。しぜんと物価は安くなる。

きっと店員に、そうと説明されたのだろう。

しかし実際には、キック・バックが上乗せされるので、驚くほど安くはならない。気に入ったものでもあれば、買えばいい程度のことだ。

「出さんかい！」

「ダメです」

と出入口では押し問答が続く。

一班の人たちも興味津々輪に加わってくる。

「吉村くん……いったいどういうことなんだ？」

と大沢部長の目は浮遊していた。

「大五さん、あなたの班の人たちですよ。どうにかしてくださいよ」

と吉村くんからは泣きが入った。

「龍さんは、マフィアなんかじゃないですよね」

とぼくは一応訊《き》いておく。

イタリアで、ある女性添乗員が、故意に何度も指定された土産物屋に客を連れていかなかったばかりに、イタリアン・マフィアに殺された事件があった。真偽のほどは明らかになっていないが、添乗員たちの間ではそうと信じられている。

「そんなこと、知るわけがないでしょう。早くなんとかしてくださいよ」

と吉村くんは頭を抱えた。

ぼくは腕時計を見て、時間を確認する。

この店の滞在予定は四十五分だったはずである。まだ十五分近く時間は残る。

「龍さん、そろそろいいんじゃないですか?」

とぼくは彼に声を掛けた。

龍さんも金ぴかの腕時計で時間を確認している。口が無言で「アワビ」と動く。

仕方がないので、ぼくは出入口とは反対方向、ショーケースのそばに立っていたマネージャーのところに行った。

「もう買物はすんだみたいだから、ドアを開けてください」

マネージャーは、なにか意味ありげにぼくを睨《にら》むと、ショーケースの下にあるボタンを押した。

ドアのロックが解除される。

「解放やで！」

と黒柳さんの声が聞こえる。

外になだれ出る客を見ながら、今度は龍さんの顔が引きつっていた。

ツアー崩壊？

宝石店に鉄格子があり、客がドアを自由に出入りできないのにはわけがある。

それはなにも客を店に閉じこめ、買物を強要するのが目的ではなく、強盗から店を守るために警備を厳重にしているだけのことである。屈強なガードマンがいるのもそのためで、アジアでは一般的な光景だ。

たいがいドアのロックは、店員がいる近くにあって、店に客が入ってきそうになったり、出ていくときにロックを解除する。なにも買物しなくても「帰る」と言えば、それですむ。

ただ中には、ごくまれに悪質な店もある。これは宝石店にかぎったことじゃなく、漢方薬の店でも、シルクの店でもあることで、買う前にカードのサインをさせたり、奥の小部屋に連れていかれたり、支払い額の0がひとつ多くなっていたりと、詐欺あるいは恐喝まがいのことをされたりもする。

そんな時には、買物をしないことである。いったん金やカードを出しても、気分が悪くなるような対応ならば、さっさとしまえばいい。金は払わない者の勝ちなのだ。その上で羽交い締めにされ、金品を強奪されたなら、完全に警察沙汰《ざた》である。

しかしそこまでする店を、ぼくは聞いたことがない。

なんだか恐いから、怪しいから、金でなんとかしようとするから、逆に相手の思う壺《つぼ》なのである。

香港をみくびってはいけない。デパートなどではありえないけど、この街にはまだまだアジアの魑魅魍魎《ちみもうりょう》たちが潜んでいるのだ。

「でもそこが、また魅力的でもあるんですよね」

とぼくは、バスの中で話を進めた。

どんどんモダンに開発されて、インチキやふっかけがなくなったら香港じゃない。

その昔に、街角でラーメンを食べたとき、店の壁に貼ってある価格より高い値段を請求されたこともある。

「値段が違うじゃないか」

と文句を言うと、

「だって、あなたは外国人ツーリストなんだもの。ツーリストってことは、旅行できるだけのお金を持っているってことでしょう？　どうせ多少のことなんだから、四の五の言わずに気持ちよく払いなさいよ」

言われて一理あるかなとも思う。当時は一般人とツーリストの価格差がいま以上にあったのだ。でもぼくは「ヤダね」と言って、価格表どおりの金を手渡し、いつも「ケチ！」と罵《ののし》られていた。

ただ、そんなこんなが面白いのだ。

日本では考えられない事態に遭遇し、どうやって切り抜けるのか。そこがまた旅の醍醐《だいご》味《み》でもある。

ぼくの話を面々は、恐がったり、真剣な表情になったり、笑ったり、納得したりしながら聞いてくれていた。

「言われてみれば、そうやな。わてが宝石店をやっとったら、絶対に鉄格子をはめたるもんな」

金本さんの発言に、苦笑が漏れる。

「できれば丁々発止の場面に出くわしてみたいもんだがね。おれかて商売人やでえ。簡単にはいかんとこ、見せたるがな」

「ほんなこつ、おれかて」

黒柳さんと後藤さんは急に威勢がよくなっている。

説得を続けたおかげで、宝石店での興奮はおさまったようだった。

バスは九龍のメインストリート、ネイザンロードに入った。

ビルの立ち並ぶ両側から、派手な看板が通りに迫《せ》り出し、看板とぶつかるぎりぎりのところを真っ赤な二階建バスが通る。歩道は溢《あふ》れんばかりの人混みだ。香港人らしき人が多いけど、インド系や、タイ、フィリピン系、アラブ系、白人の姿も見られる。

香港には種々雑多の人々が富を求めて集まってきているのがよくわかる。きっとそれがこの街のエネルギーとなっているのだ。

でも考えようによっては、方言が飛び交うバスの車内も、似たような雰囲気である。

「左手に入ったところがノンヤンガイ、日本語でそのまま読むと女人街になります」

ずっと電話ばかりをしている龍さんに代わって、ぼくがガイドする。

「女人街やて⁉」

と黒柳さんの声が裏返る。

「行きたかあ」

と大声で叫んでいるのは後藤さんだ。

「女人街といっても、女性ものの雑貨や衣類を露店で売っている通りです。夕方以降、深夜までおおいに賑《にぎ》わいます」

「だったらー、わたし、そこに行ってみたいわー」

と奥田さんの声がする。

「次は右側。上海街です。かつてのメインストリートです。日用雑貨を売る店々やレストラン、麻雀《マージャン》屋、風俗店も黄色い看板を掲げて営業しています」

男連中がヒソヒソ声で話しだす。女性陣のほうから非難の矢が飛んでくる。

なにはともあれ、ぼくはひとまず安心していた。

ほどなくDFSに到着だ。

バスを待ち受けていた店員が、目印になる割引券を配ってくれる。これでドラゴン・ツアーにキック・バックが計上されることになる。

集合時間を告げると、全員が広い店内にばらけていった。日本語も通じるし、有名ブランド店もそろっている。無料でお茶を飲める場所もあるし、トイレに困ることもない。

しかし事態は、思わぬところで展開した。

一班のバスが到着すると、大沢部長がぼくのところに駆け寄ってきて、金輪際《こんりんざい》土産物屋には立ち寄らないと言い出したのだ。

宝石店での混乱が、よほど腹に据えかねたみたいなのである。

「だって、きみ。店内に監禁されるなんて考えられない。そうだろう？　おかげでここに来るまで、バスの車内はそれは険悪なムードだったんだからな。岡崎くんのほうはどうだった？　きみのところは一班以上だったんじゃないか。なにしろ最初に喚《わめ》きだしたのは金本さんなんだから」

ぼくは説明するのももどかしく、ＤＦＳの店内で、値段交渉をして盛り上がる面々のほうを指差した。

「それがみなさん、気力充実なんですよ」

「ま、だったらいいか、よくわからんが……。ともかく土産物屋はこれで最後にしてほしい。いらぬ混乱は避けたいからな。きみだって、そう思うだろう？」

「で、吉村くんはなんと？」

「ああ、彼か。よくわからんが、わたしがこのことを話すと、ガイドの謝さんが泣きだしてだね。ぐちゃぐちゃなにか相談してたよ」

そこへ吉村くんとガイドの謝さん、それに龍さんがあらわれた。

一班の客は、重そうな足取りで店内に散らばっていく。

「部長、土産物屋の件は了解しました。金輪際、土産物屋には立ち寄りません。というか、この男のせいで立ち寄れなくなった。つまりぼくたちは、明日からバスを失うんです」

吉村くんがそう言って、ぼくを指差す。

なにがどう転んでぼくのせいになっているのか？

「バスがなくって、どうやって観光するんだよ。でも、いったいまたどうして？　なにが岡崎くんのせいなんだ？」

部長がぼくの代弁をするように言った。

「あの時、彼は客を説得するべきだった。それが添乗員の仕事なんです。ところがこの男と来たら、まだ時間になってないのに、宝石店のマネージャーにロックの解除を迫った。これがバス会社の社長の逆鱗《げきりん》に触れたんです。勝手にツアーを回しているとね。それでバスを引き上げることに……」

「なんでそういうことになるんだよ」

と、部長は途方に暮れたような顔になる。

「だいたいこいつが、客を野放しにしすぎるからなんです。龍さんからも話を聞きました。龍さんは、危ない添乗員だと思ったからこそ、今日の昼食にアワビまで奢《おご》ってやったと言ってるんです。それなのにこいつは、こちらの仕事に協力しないばかりか、散々客を煽《あお》っていたらしいんです。だって変でしょ？　もめ事はいつも二班のほうから持ち上がるんですからね」

吉村くんは、大きな瞳《ひとみ》に涙まで浮かべて訴えた。

「ちょっと待ってくれ。よくわからんのが、宝石店のマネージャーがロックを解除して、それをバス会社の社長が怒って、バスを出さないようにしたというところなんだよ。宝石店とバス会社はべつのものだろう？　それからアワビって、いったいなんの話だ？」

「こいつはね、飲茶《ヤムチャ》と一緒にアワビも食べていたんです」

「食べたのか？」

と部長は、真剣な眼差《まなざ》しでぼくを見つめた。

話の本質はそこではないとわかっていても、答えないわけにはいかないだろう。

半分食べただけなので、ぼくは小さくうなずいた。

すると部長の顔色がみるみる変わった。赤くなるのではなく、蒼白《そうはく》になったのだ。

アワビは、ここまでインパクトが強いものなのか。

食べ物の恨みは、それほど根深いということだろう。部長もきっと、腹をすかせていながらも、ずっと我慢していたにちがいない。

吉村くんだけでなく、龍さんや謝さんも、ぼくを親の仇《かたき》みたいな顔で睨《にら》みつけている。

反論の余地を、ぼくは失っているようだった。

もとよりツアー旅行のカラクリなんて、部長に話せるはずもない。

つまりはこういうことだろう。

龍さんの旅行会社はたぶん弱小旅行会社だ。旅行会社なんて、小さな事務所と電話にパソコンがあれば成り立つ。あとは関係各方面と連絡をとるだけである。

吉村くんからのオファーを受けて、龍さんはできるだけ経費を圧縮し、見積もりを出す。たぶん最低の入札価格を示したのだろう。

ホテルは人数が多い分だけ安くなり、料理もリクエストに応《こた》えながらも貧相な内容になった。そしてバス会社は、宝石店と同系列の会社に依頼したのだ。

「土産物屋に寄らないと、殺されますから」

とは、香港はじめ、東南アジアの国々でドライバーがよく言うことである。本当に殺されたりはしないだろうが、それだけ縛りが強いのは、バス会社の元締めが、実は土産物屋なり宝石店と同じだからだ。

ぼくは、宝石店のマネージャーがなにか意味深な表情を浮かべていたのを思い出した。

彼はぼくのことをすぐさま元締めに密告し、龍さんには元締めから電話が入った。

こういう表現をすると、いかにも香港マフィアが絡んでいるように思えるけれど、実際のところはよくわからない。ただこれが、格安ツアーを成立させるシステムであることは間違いがない。

吉村くんたちが怒るのは、ぼくがそんなシステムを無視したせいである。わずか十五分のことだけど……。

「岡崎くん、どうしてくれるんだ。きみはアワビを食ったんだから、なんとかするのがきみの役目なんだろう？　そうなんだな」

部長は、吉村くんや龍さんのほうに向き直ってたしかめる。

三人が三人とも深々とうなずいた。

「毎度！」

とそこに、陽気な声であらわれたのは、黒柳さんたち三人である。

「ちょうどよかった。部長も一緒じゃん」

と孫さんがにやついている。

「いえね。岡崎くんからの情報で、いいところがありそうなもんでね」

と黒柳さんが、猪口《ちょこ》で酒を飲む真似をする。

「龍さんも、マフィアじゃないかという噂だもんで、夜の街にはきっと詳しい。それにあの恰好《かっこう》なら用心棒にもピッタシだがね」

脇のほうで後藤さんが、小指を躍らせている。

「それが今晩は……」

　と部長は及び腰である。

「付き合い悪かね。部長さんともあろうお方が。一緒に飲むなんざ、またとなかろうが。明日の夜は表彰式やし。今晩だけと」

「そんな、危ないいんじゃないか？」

「なに言うてけつかる。ビビッとったら、スタコンの名が泣くで。なにがあっても丁々発止、相手とやってやるんだが。それが旅なんやて」

　黒柳さんが威勢よく言う。

　吉村くんは、ぼくのほうに暗い瞳を投げつけた。ぼくのせいだと言わんばかりだ。

「岡崎くん！」

　と部長も不安そうな目をして怒鳴る。

「せっかくですから、行きましょう。みなさんに楽しんでもらってこその旅行ですから」

　とぼくは答えた。

　この三人は、間違いなくキーパーソンである。彼らが盛り上がれば、きっとみんなに伝《でん》播《ぱ》していく。

　部長はやむなく同意した。もとより、オーナーの方々に楽しんでもらうのが彼の仕事だ。

「それよりバスのこと、なんとかなるのか？」

三人がその場から離れていったのを見計らい、部長が話し掛けてくる。

（いま、それを考えているところです……）

とぼくは冷汗が噴き出るのを感じながら、心の中でつぶやいた。

湧き上がる難問

バスがないという前提で、このツアーを考えた場合、幸いだったのは、宿泊しているホテルからフェリー乗り場まで、歩いていけたことである。

問題はマカオの市内観光だったが、これも二班だったのをさらに四班に分け、それぞれ謝さん、吉村くん、龍さん、ぼくが案内するかたちで市バスに分乗した。

まず目指したのはマカオのシンボル、聖ポール天主堂跡である。現在は正面のファサードと壁が残っているにすぎないが、かつて東洋一と言われた美しさは健在だ。近くには世界有数のアンティーク街、大三巴街《ダイサンパッガイ》があり、また周囲の、バルコニーを備えた明るい色調の家並みが、ポルトガルの植民地だったことを彷彿《ほうふつ》とさせる。

街の中心セナド広場まで歩くと、ぼくは自由行動にした。

大通りをまっすぐ行けば、昼食をとることになっているリスボアホテルまで行き着ける。距離もせいぜい二百メートルほどでしかない。午後はリスボアホテル内のカジノや、隣接しているショッピング・アーケードで遊んでもらえばいい。

客の面々は、籠《かご》から放たれた鳥のようにのびのびしていた。

マカオは香港と違って、あまり雑然とした感じはないし、街もきれいだ。年代物の建物がリストアされているのも気持ちいい。

「市バスに乗れたんはよかったの。日本でも年寄りは、ちょっと買物に行くんもバスに乗るのが習慣やし、料金だって安いはずや。お大尽になった気分で観光バスに乗っとるよりよっぽどくつろぐ」

「明日も地下鉄でしょ。また一緒に歩こうね。天気もいいみたいだし、おばあちゃん、値切り倒すのうまいんだもん。頼りになるっしょ。漢方薬のお店でも活躍してもらわなくっちゃ」

「わたしも置いてかないでよねー。安物でいいからチャイナドレスを探したいからー」

金本さんを中心に、工藤さんと奥田さんが、はしゃぎながらリスボアホテルに入っていった。

ぼくは名簿片手にチェックしていく。

中では龍さんと謝さんが、レストランまで客を案内する。

吉村くんが、セナド広場周辺から、最後の客を拾って一緒にホテルに入ることになっている。

続々と客の面々がホテルに到着をする。

宝石店での監禁事件などすっかり忘れてしまったかのように、みんなの顔はほころんでいた。

バスで市内観光するよりも、添乗員やガイドははるかに仕事が増えるけど、客の笑顔を見られたならば、疲れも吹き飛ぶっていうものである。

あと残りわずかになって、大沢部長がひとりで姿を見せた。

「岡崎くん、いやあ、ずっと探しておった中古のオメガが手に入ってな。マカオまで来たかいがあったってもんだよ。もしこれで自由行動じゃなかったなら、この時計とも出合えなかった。バスのことも、アワビのことも忘れてあげるよ」

そう言って、部長はこれ見よがしに、腕を突き出してくる。

「忘れてあげる」と言われても、昨夜部長は、客には内緒でこっそりアワビを食べていた。

吉村くんが特別に手配させたのである。

おかげで気分は上々なのだ。

数人の客が到着したのち、

「おっ、待たせたのお」

とおやじ三人組が姿を見せた。

彼らの後ろからは、吉村くんが疲れきった表情でついてくる。

これで全員そろった。迷子はいない。ぼくは名簿に印を付ける。

「岡崎くん、昨日のキャバクラみたいな店だがな。今晩も行こうと思っとってな。いまのところ参加者は十五名になったから、頼むで」

と両手に紙袋をいくつも持った黒柳さんが、胸を反らせて言った。

「ああ、ミンミンちゃん、よかったけんな。中国から出稼ぎで来て頑張りよるんじゃ。あんな健気《けなげ》な子は、日本じゃお目にかかったことはなか！」

「おれに付いたシュウカちゃんだって、片言の日本語で、愛らしいったらありゃしない。日本で働きたいと言っていたから、いっそのこと、うちの店で働いてもらおうかと思ったくらいじゃん」

「それはそうと、飯食ったら、次は大・小で勝負やで！」

と黒柳さんが気合いを入れる。

「大・小」とは、マカオのカジノでもっともポピュラーな賭事《かけごと》だ。サイコロを三つ振って、合計が4～11なら「小」、12～17なら「大」となり、大小どちらか、出目の総数、あるいはゾロ目を当てるのだ。

単純な賭事だけど、単純なだけに熱くなりやすい。

早くも黒柳さんは、戦闘モードに入っているようである。

熱く燃え上がる三人とは対照的に、吉村くんには覇気がなかった。

「大五さん、バスの件、だいじょうぶなんでしょうね」

と弱々しい声で聞いてくる。

行きは市バスで問題ないが、荷物のかさばる帰りは市バスを避けたい。そこでぼくが、リスボアホテルのマネージャーに、バスを出してくれるよう掛け合ったのだ。

「もちろんですよ。男性陣はほとんど全員カジノに行くみたいですしね。女性陣は買物をする。ホテルとしても、そのくらいのサービスはしてくれますよ」

ぼくの説明に、吉村くんは、ほっと胸を撫《な》で下ろす。

でもすぐに顔が強《こわ》ばった。

「明日の午前中は、みんなで地下鉄に乗って上海街に行く。それはよしとしますよ。でも空港までのバスはどうするんですか？　たしかにＤＦＳから直行無料バスは出てますけどね、全員乗れないかもしれないし、スーツケースを転がしてＤＦＳまで歩けないでしょ。ホテルから空港行きのバスがあるのもわかってます。でもこれ以上使える金は一銭たりともなくなったんです。余分なバス代は払えない……。それに昨日、北京ダックとフカヒレを大盤振舞いしちゃったでしょう？　あの代金をどこで捻出《ねんしゅつ》するんですか？　部長は、前もってなら予算を計上できたけど、いまさらは無理だと言い張るんです。だって、安かったからＴトラベルに決まったんですからね」

「でも昨日のキャバクラじゃ……」

とぼくは話を蒸し返した。

なぜなら吉村くんは、昨日の夜の段階で、料理とバス代までならなんとかなると言ったのだ。

「昨日と今日とじゃ事情が変わったんですよ。大五さんがあんな店に連れていったから、部長もすっかりいい気になって、黒柳さんの話では、今晩も行くと決めたみたいなんです。当然部長の飲み代はうち持ちになる。それに大五さん、あなたねえ、昨日調子に乗って、ひとりでブランデーを一本空けたんですよ。無茶苦茶じゃないですか」

アワビの次はブランデーである。

「どうするんです。どうしてくれるんですか⁉」

リスボアホテルは、円筒形の、マカオのランドマーク的建物である。

その正面玄関で、吉村くんはへたり込む。

龍さんが、ホテルの中から吉村くん目掛けて駆け寄ってきた。

「吉村さん、バス会社のボスから電話があって、今夜話があるそうです。来なかったら、今後Tトラベルが香港でツアーをできないように手を回すって言ってます」

香港マフィアみたいな風貌《ふうぼう》の龍さんに言われると、真実味がある。

やはりこのツアーは、香港マフィアがらみだったのか？

でもぼくは、意外と平静だった。

落とし前をつけなければならないのは、吉村くんなのだから。

すると吉村くんは、おもむろに、ぼくに体当たりするみたいに立つ。

「大五！　おまえが行ってこいよな。昨日からこのツアーの責任者はおまえになったんだから。第一……そうだ。おれは表彰式があるんだもんね。ざまあみろ。マフィアに指の一本でも置いてきたらいいんじゃないか。あ、そうだ。ついでに昨日の追加料理の分くらい払ってもらう約束をしてきてよね。じゃなかったら、ギャラは払わない」

人が変わったように、吉村くんはぼくの顔に近づいて、不敵に笑った。

ついにギャラのことまで持ち出して、伝家の宝刀を抜いたのである。

龍さんのサングラスがきらりと光る。

ぼくは恐怖から、お尻《しり》の穴がキュッと締まって、ツーンと脳天まで電気が走った。

対決!? 香港マフィア

香港には魑魅魍魎《ちみもうりょう》が潜んでいる……。

でも結局その魑魅魍魎の住みかに手を突っ込んだのは、ほかのだれでもない……ぼくだった。

ホテルのボールルームでは、吉村くんの司会で表彰式が執り行なわれている。ぼくは吉村くんの隣で、賞品の写真が貼られたボードを掲げていた。

ウエイターが数人、飲み物を載せたトレー片手に客の間を練り歩く。和、洋、中と、会場の両側に並んだ屋台の中では寿司《すし》コーナーがいちばん人気が高く、大勢客が集まっている。

「では発表しまーす。昨年度、売り上げ第一位に輝いたのは……」

吉村くんに代わって、大沢部長がマイクの前に立つ。

「大阪の金本トシさん。おめでとうございます！」

会場からどよめきとともに金本さんの拍手が起こる。

たった三日間でも、金本さんのケチぶりはすでに周知の事実だ。その彼女が一位というのは、意外でもあり、また納得できる結果でもあったようである。

　ぼくが掲げる賞品は、液晶テレビだ。

「では金本さん、どうぞ」

と部長に呼ばれて、金本さんは、寿司を頬張りながらステージに立つ。

　ウエイターが飲み物を彼女に運ぶ。

　寿司を喉《のど》に流し込み、金本さんは軽く咳払《せきばら》いした。

「散々贅沢《ぜいたく》させてもらったうえに、こんな賞までいただけるとは思いもよらんかったわい。あらためてスタコンさんに感謝する次第やわ。これも、わてのわがままを聞いてくれた営業の人たちのおかげや。なにが売れるんか。それは客と直接話をせんとわからんもんや。せやから、この賞は、うっとこのお客はんに贈られるべきもんかもしれん。いま、思いついたんやけどな、液晶テレビは昔の街頭テレビみたいにな、雑誌の横に、店の外に向けて設置したらええんやないか。そしたらお客はんが集まって来るやろ」

　彼女の話を聞いていると、どうしてスタコン一の売り上げを誇る店になったのかわかるような気がしてくる。ざわつきはおさまり、みんな神妙な面持ちになった。

「ほんで、今回の旅行やけどな、最初はいろいろがたついた。せやけど、大沢部長をはじめ、Tトラベルの吉村はん、龍はん、謝はん、それから岡崎はんが精一杯やってくれたおかげで、ほんまいい旅になったと思うわ。冥途《めいど》の土産になるっちゅうもんや。たしかに岡崎はんらは仕事でしたこっちゃ。けんど、当たり前やと思うたらあかんでえ。商売言うんは、相身互いなんや。わてらは物を売る。お客はんは物を買って喜ぶ。そうしたらうちらもうれしい。その循環や。単に物を売り買いするだけが商売やない。心が通じることがおもろいのやて」

寿司の屋台の前で、工藤さんがしきりに手を振っている。

「なんや、どないした？」

と金本さんが、スピーチを中断して工藤さんに訊《たず》ねる。

「お寿司が……」

と工藤さんは、恥ずかしそうに声を出す。

「なんや、もうないんか？　えらいこっちゃ」

と金本さんはマイクを投げ出し、慌てて壇上から飛び降りた。

勢いあまって倒れこむ。

足を挫《くじ》いたみたいだ。

「だいじょうぶですか？」

と周囲の人たちが駆け寄ってくる。

「なんのこれしき」

と彼女は大沢部長に抱えられて立ち上がる。

「欲をかくとろくなことにならんなあ」

と自嘲《じちょう》気味に金本さんは言った。

軽く捻《ひね》った程度で、なんとか歩けそうである。

ぼくは吉村くんと顔を見合わせ、安堵《あんど》した。

龍さんが早足で近づいてくる。

「迎えがきました」

その言葉は、ぼくにとっては、墓場行きを宣告されたようなものに聞こえた。

「大五さん、頼みますよ」

と、吉村くんがビンゴゲームを箱から出しながら言う。

ぼくの使命は、最終日の明日もう一度バスを出してもらうこと。これが最低限のお願いで、Ｔトラベルが香港で支障なく活動できるよう頼むこと、そして欲をかくならば、昨夜の特別料理の代金をなんとかしてもらえないかという三点である。

龍さんの話では、ボス次第だと言っていた。

欲をかいたらろくなことにならないのは、アワビのことでもブランデーのことでも身に沁《し》みている。でも欲をかかなければ、ぼくのギャラはなくなる。

吉村くんなら、いかにもさらりとやりそうなことだ。

香港マフィアが相手かもしれない話し合いで、心が通じるとは考えにくい。

またお尻の穴がキュッと締まった。

そんなぼくに、金本さんが、

「この寿司、うまいでえ」

と、工藤さんに支えられながら声を掛けてくる。

会場を出て、ベンツに乗り込んだ。

けばけばしいネオンの下を通り抜け、着いたのは上海街である。

ミニスカートの水商売風の女性たちや観光客が、屋台の並ぶ通りを歩く。昨夜行ったキャバクラ近くの古びたビルを、エレベーターで最上階に昇った。

同行してくれている龍さんは終始無言だ。

いかにも堅牢《けんろう》そうなドアを龍さんがノックした。会社の表札もなにもない。

中から声がして、部屋に入った。

チャイナ風の木製の椅子に案内される。

事務員みたいな中年女性が、冷えた水をテーブルに置く。

年季の入った机がいくつか置かれ、事務所だとはわかるけど、殺風景なくらいになにもない。窓の外から赤や黄色のネオンが差し込む。

奥の部屋のドアが開いて、ボスらしき人があらわれた。

小太りで、禿《は》げ上がった頭はテカテカしていた。

金本さんじゃないけれど、いかにもしわそうな年配の男だ。

「よく来てくれました」

と男は、細い目をさらに細くして、ぼくの正面に座った。

龍さんは彼のそばで立ったままである。

「お名刺いただけますかな」

と男は流暢《りゅうちょう》な日本語で言う。

ぼくはハッとした。

吉村くんに、名刺などもらってなかったのである。

多くの添乗員たちは、いろいろな会社の仕事を請け負う。そのたびに、名刺を作っても

瑞興

らうのだ。ただ今回は、吉村くんが同行するので、ぼくの名刺はいらないだろうと作らなかったのである。

ぼくは仕方なく、名刺入れの中に入った数社の旅行会社のものから、いちばん上にあるものを出して渡した。

受け取ったボスは、名刺を見るなり驚いている。龍さんとヒソヒソ話す。

自分でもう一度名刺入れを確認してみる。

するとそれは、先週行ったM旅行会社のものだった。コンピューター関連の見本市でラスベガスに行ったときのものである。

英語で『Chief Tour Conductor』と印刷されていた。なにせ大きな団体だったので、今回以上に何班かに分かれ、ぼくはツアコンのチーフをつとめたのだ。

現地で恥ずかしくないよう、M旅行会社では、ぼくにそぐわない肩書をくれたのだった。

日本語に訳せば、『ツアコン課長』とでも理解ができる。勘違いにすぎないが……。

「岡崎さんは、Tトラベルじゃなかったんですか?」

と龍さんが、きつねにつままれたような顔をして聞いてくる。

はじめてぼくの前でサングラスを外す。

彼の目が明らかになる。

香港マフィアなどとは決して思えない、点のような小さな目が付いていた。

「今回は吉村くんに頼まれたから」

とウソをつかない程度にぼくは答える。

「じゃあ、吉村さんは相当エラい方なんですか？」

M旅行会社は、年間数千人単位で香港に観光客を送り込んでいるはずである。その威光はすごいものがあるにちがいない。

「いや、べつにエラくはないですよ。彼とは単なる友達みたいなもので」

「岡崎さん！」

とボスが身を乗り出してくる。

「M旅行会社の仕事をどうしてもほしいんですよね。なんとかならないものですか」

「ぼくは部署が違うので」

「そうは言わずに、是非とも紹介していただきたい」

「話だけならできますが」

来週はまたM旅行会社で、今度はふつうのイタリア・ツアーが待っていた。

その時、本物の課長に話せばいいだろう。

それからボスは、バス会社経営の苦しさを語ってくれた。なんでもバスのオーナーは宝石店で、宝石店から借りるかたちで運営しているのだそうである。

宝石店に立ち寄る時間が短かったから、宝石店のマネージャーから叱責《しっせき》を受け、今後こういうことがないように、新参のTトラベルを脅すようなことをした。でもTトラベルがM旅行会社の息のかかった会社なら、たいへん申し訳ないということだ。

当然明日はバスを出すし、昨日バスを出さなかった代わりに、特別料理の代金も龍さんのところで出すと言う。

「ところで龍さん、そのサングラスはまずいんじゃないですか？」

ぼくはずっと思ってきたことを、はじめて口にする。

話によれば、龍さんはボスの甥《おい》っこで、ファミリーでバス会社と旅行会社を経営しているだけなのである。弱小なのは、Tトラベルと変わらない。

ドラゴン・ツアーも、バス会社も、香港マフィアでもなんでもなかった。

「いや、こいつはこんな顔をしてますでしょ。こどものころから苛《いじ》められ、そりゃ辛《つら》い思いをしてきたんです。だから体を鍛えて、映画に出てくる香港マフィアの真似をしていただけなんです。わかってください。こいつの気持ちを。ふだんはガイドなんてしないから、本人も気がつかなかったんです」

言われてなるほどと思えるくらい、龍さんの目は小さかった。加えて吹出物のあとが残った顔は、それだけで笑いを誘えるほどにアンバランスなものだった。

ぼくはすっかり体の力が抜けていた。

龍さんさえ、サングラスをはずしてくれれば、こうはもめなかったはずである。

ぼくがそうであるように、アンバランスな顔は、逆に客には安心感を与えるものなのだ。

これは想像にすぎないが、吉村くんは、今回のツアーを懸賞ツアーみたいに考えていたにちがいない。懸賞ツアーで大切なのは、タダで参加する客ではなく、懸賞ツアーを主催する会社のほうなのである。

少しばかり中身が充実していなくても、予算の範囲で条件を満たすことが重要になる。客も「どうせタダだから」と不満の声はあったにしても、厳しくないのが常である。

そんなところが、金本さんの言う、客と心が通じなかった点だろう。

うめぼしばあさんみたいな顔をした彼女は、長年の経験から、吉村くんの考えを肌で感じていたのかもしれない。

おそるべしである。

ぼくはようやくツアーの核心に触れた気がした。

しかしそれにしても、まるでキツネとタヌキの化かしあいみたいなものだった。

でもまたそこが、香港らしかったと言えなくもない。

ぼくは煙草に火をつけて、ゆっくりと煙を吐き出した。

アンハッピー・ニューイヤー

——チュニジア編

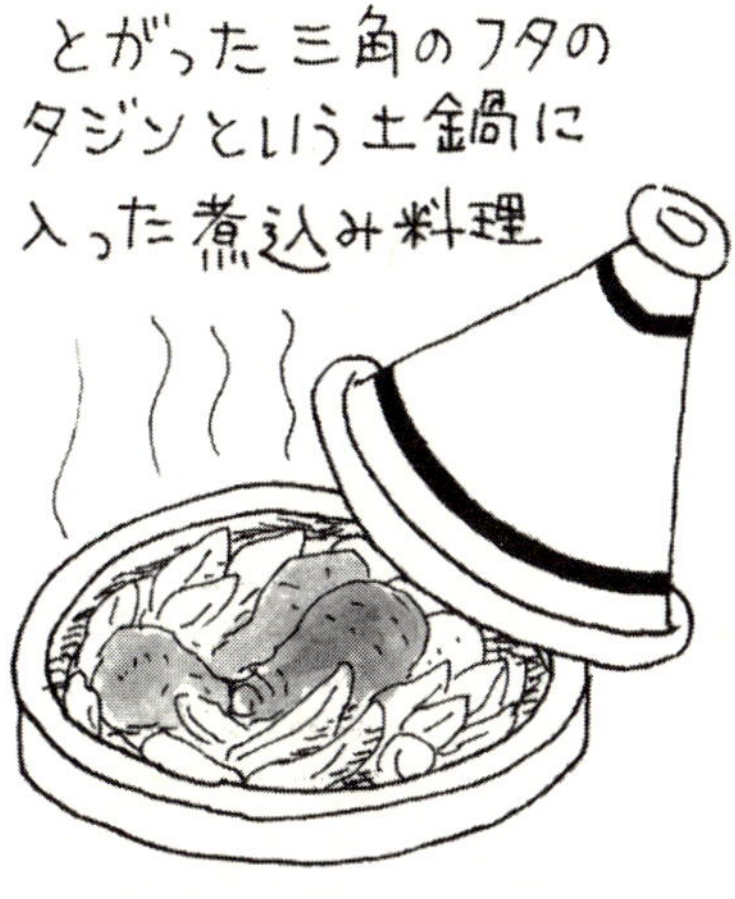
とがった三角のフタの
タジンという土鍋に
入った煮込み料理

大名旅行

小雨がぱらついていた。

空は薄鼠色《うすねずみ》の雲に覆われ、紺碧《こんぺき》であるはずの地中海も鉛色である。

駐車場にバスを停め、ぼくたちはさほど広くないメインストリートに出た。

両側には、絵はがきやTシャツ、陶器の皿、チュニジア名物の真っ白い鳥籠《とりかご》などを軒先に吊《つる》した土産物屋が続くというのに、ほとんどの客は、まるで関心を示そうともしない。

傘を手に、ただただ不機嫌そうな表情で、黙々と石畳の路地を上っていくのだ。

こんな天気では、せっかくのシディ・ブ・サイドの観光が盛り上がらないのもわかるけど、天候以上に沈んだ空気が漂っている。

ガイドのファティマが話す英語をぼくは日本語に置き換えて、ジャケットの衿《えり》に付けたピンマイクに向かってしゃべった。

「この一帯は街並み保存区域に指定されているそうです。ですから中世のころそのままに街が残っているのです。パウル・クレーやボーヴォワールなど多くの芸術家たちがこの街を訪れているのもそのせいです。真っ白い建物に、チュニジアン・ブルーをあしらった窓枠やドア、車の通らない細い小道。あいにく天気はいまひとつですが、これが快晴だったらと頭の中で想像してみてください。空や海も含めて、あたりは白とブルーに包まれ、ナツメヤシの木などとあいまって、それは絵画のような美しさだったことでしょう」

　ファティマが話したのは、前半部分にすぎないが、ぼくは曇天を振り払うような気持ちで声をマイクに乗せていた。

「言われてみればそうかもね。イスラムの国っていうより、地中海沿岸のリゾートっていう雰囲気よ。チュニジアのイメージが少し変わった気がするわ。ああ……、どんなドラマが待ってるのかしら。この先がすっごく楽しみになってきた」

　ぼくの隣でそう話すのは、今年で三十歳になる三井智子《ともこ》さんである。

以前別の会社のトルコツアーで、一緒に旅したことのある彼女は、成田空港で会うなり再会をひどく喜んでくれ、昨日も今日もぼくのそばから離れない。一向に盛り上がらないほかの面々とは違い、まるで十代の女性みたいに、声を弾ませはしゃいでみせた。

　ヨーロッパのクリスマス休暇と重なって、石畳のメインストリートは、フランス人やドイツ人、あるいは隣国のイタリアからの観光客で賑《にぎ》わっている。いかにもバカンス気分の彼らは、コートまで着ているぼくたちとは違い、薄着で、中にはTシャツ姿の者もいる。

そしてまったく警戒心のない弛《ゆる》んだ笑顔を振りまいている。

「なるほどな。百聞は一見にしかずって、こういうことを言うんだな。イスラムの国は危ないだなんて、いったいいつ、どこで刷り込まれたんだろう？　パキスタンやイランを旅したときだって全然問題なかったわけだし、感覚が錆《さ》びついちゃったみたいだな」

三井さんの隣で、山本一也《かずや》さんがボソボソと言った。

学生時代はバックパッカーとして、バスや列車でアジアを横断した経験を持つ彼である。ほかにもカリブ海に浮かぶハイチやドミニカ、プエルトリコなどの島国を、ハンモックひとつで旅したらしい。なんでも西インド諸島と呼ばれる中米の島国は、宿になんか泊まらなくても、ビーチに生えるヤシの木と木の間にハンモックを吊してベッド代わりにし、無事旅ができたということだ。

それが大学を出て就職して以来、新婚旅行以外はすっかり海外旅行からご無沙汰《ぶさた》で、外資系の会社に転職したのを機に、奥さんのリクエストで今回の参加となった。

この春小学校にあがる遥《はるか》ちゃんが、しきりに母親の美恵子《みえこ》さんの手を引っ張っている。土産物屋の店先に、なにか興味をそそられるものでも見つけたのだろう。

ぼくの近くを歩くこの二組、計四人は、目を輝かせてあたりを見回している。

しかし、恐るおそる背後に続く残りの十六名に目をやると、やはり全員険しい表情である。

暗くて強い視線を投げ返されて、ぼくはとっさに向き直る。

いったいなにが、どうしたというのだろうか？

たしかに旅行パンフレットには、『紺碧の地中海とチュニジアン・ブルーの世界へ』と書かれてあった。

そこでぼくは、日本でまずは気候のことを説明しておいた。

チュニジアは、地中海性気候に属し、秋から冬にかけて雨が降りやすいのだ。それでもシトシト降るのがせいぜいで、朝夕は、冷え込むこともあるけれど東京ほど寒くはならない。晴れれば十五度以上に達し、四十度近くにまで達する夏よりは旅をしやすい。

小雨など気にしないヨーロッパからの観光客たちは、ビニール合羽をはおる程度で、傘をさしているぼくたちは、逆に目立つほどである。

つまりは、事前に説明をし、なおかつ観光に支障もない程度の小雨に、眉間《みけん》に皺《しわ》を寄せるのは、なんとも奇妙なことだったのである。

ツアー初日の昨日は、チュニジアのルーブルと称されるバルドー博物館に行ってきた。

ここはローマ時代のモザイクを展示してあるところで、ぼくは個人的にも大好きだから、熱を入れて解説した。

大雑把な歴史の上では、ヨーロッパ史にチュニジアは登場してこない。

ギリシアからローマへ、そしてヨーロッパ大陸に文明は進んでいった。そんな風に考えられがちだが、実は、ギリシア、そしてローマと地中海の覇権を争い、一時は、地中海から西アフリカ沿岸にまで勢力を拡大したのが、チュニジアの前身にあたるカルタゴである。シチリア島やスペインも、カルタゴの支配下に置かれていたこともある。

第二次ポエニ戦争で、象部隊を引き連れて、アルプス越えしてナポリの北まで迫ったのが、スペインに駐在していたカルタゴの闘将ハンニバル。彼を迎え撃ったのが、ローマの将軍スキピオだった。

第三次ポエニ戦争で、徹底的に破壊され尽くしたカルタゴだったが、ローマ皇帝カエサルのもとで復興がなされると、瞬く間に繁栄を取り戻す。そうしてギリシアから引き継がれたモザイク美術が、この地に花開いたのである。

キリスト教を受け入れる以前のローマ文明は、ギリシアと同様、さまざまな神々たちで彩られていた。酒を愛するバッカスに、海の神さまネプチューン、怪力ヘラクレス……。

そんな神々が、色鮮やかなモザイクで描かれている。伊勢海老《いせえび》やタコ、魚などの漁をする人々や、地中海を渡るローマ軍、競馬を楽しむ人々の姿なんてのもある。

自由で闊達《かったつ》、これほどまでに生き生きと、神々と人間の姿が素直に表現されたものをぼくは見たことがない。

絵画の世界で、暗い色調の画面から、突然明るく解き放たれたのが十九世紀に登場した印象派である。

そのはるか以前、紀元後二世紀に、印象派さながらの明るい色で表現されたモザイク美術は、イタリアのポンペイ遺跡に残されたものが有名だけど、バルドー博物館に所蔵されている作品群は、ポンペイのそれを質量ともに圧倒している。

それほどこの地は、当時、文明先進国だったと言えよう。

きっとぼくはかなり興奮して解説していたはずである。

しかしこの時も、例の二組を除いては、無反応に等しい感触だった。

その十六名すべてがY旅行社の常連である。ということは、海外旅行好きであることは間違いがない。

なのにどうして感動しなかったのか……？

もう一度後方を歩く面々をうかがってみる。

するとやはり、仏頂面を下げているのであった。

「雨、上がったみたいですね」

と山本さんが話し掛けてきた。

「すみません、この子がどうしても欲しいと言うんで」

と奥さんの美恵子さんが、遥ちゃんに手を引っ張られている。

遥ちゃんは、モスクみたいなネギ坊主形をした白い鳥籠を買ってもらいたいみたいだ。彼女が手を伸ばす先では、髭面《ひげづら》の土産物屋の店主が、にこやかに鳥籠を掲げて見せている。

「山本さん、もしよかったら買物に行ってください。どうせこの後、この先のカフェ・デ・ナットでお茶する予定になってますから。三十分やそこいらは、十分余裕がありますよ」

「でも団体行動で、勝手なことをしてだいじょうぶなのかしら」

と、美恵子さんが不安がる。

「なーに、いいんだよ。岡崎くんが言うんだからね。彼は結構テキトーみたいだし。せっかくの休暇だ。のびのびしなくちゃ。あーっ、二十年ぶりにおれも旅の空の下で遊ぶとするか」

山本さんは思いきり背筋を伸ばすと、

「遥、行くぞ」

と娘の手を取り、土産物屋に向かって悠然と歩いていった。

美恵子さんがぼくのほうに向き直ってぴょこんとお辞儀し、二人のあとを追う。

「まっ、岡崎さんのことテキトーだなんて、山本さん言い過ぎよね。でもアバウトなのはわたしも認めるけれど……」

と三井さんが微笑みかけてくる。

「みなさん、ここは自由行動ということで。三十分後には正面突き当たりのカフェに集まってください。カフェでのんびりしたい方は、ぼくと一緒にミントティーでも飲みましょう」

鼠色の雲が風に流され、青空が顔を覗《のぞ》かせはじめていた。

あたりがやや明るくなって、家々の白い壁とチュニジアン・ブルーのコントラストが鮮やかになってくる。きっと写真やビデオを撮りたい人もいるにちがいない。

ぼくは言いおわると、マイクのスイッチをオフにした。

自由行動にしても、半径百メートル以内なら電波が届く。さほど広くないシディ・ブ・サイドで、だれか迷子になったとしても、マイクを通して呼び掛ければ、ぼくの声は聞こえるはずである。

添乗員なりガイドなりがマイクを身に付け、客がイヤホンで聴く。送受信機とも煙草の箱くらいの大きさで、持ち運びに不便さは感じない。これをガイドシステムと言って、日本の旅行会社数社で採用しており、またそれは日本のツアーだけが利用している。ドイツ人やフランス人ツアーの添乗員が、大声を張りあげて客をまとめるのに躍起になっているのを見ると、整然とスマートに客を掌握できるこの器材は、いかにもすぐれた先進の技術であった。

だからバルドー博物館に行ったときだって、ほかの入場者に迷惑をかけることなく解説できたのだ。

ドイツ人添乗員が、三十人以上いる客をやっと集めて、ぼくのそばに歩み寄ってきた。ぼくの衿元にあるピンマイクや、客のイヤホンが気になったみたいだ。

「ＶＩＰでも案内しているの？」

イヤホンを付けた面々は、見方によっては、首相などの要人警護を任務とするＳＰに映ったのかもしれない。ＳＰにしては多くが歳をとりすぎているきらいはあるが……。

「まさか、そんなわけはないでしょう」

とぼくは答えて、ガイドシステムの便利さを説明した。

「さすがは日本よね」

ドイツ人らしく大柄の彼女は、深くうなずき感心している。

「わたしのところでも、そんなものがあればいいのに……」

「なんでも、日本の旅行会社と電機メーカーが、共同で開発したらしいよ」

開発にはまったく無関係でも、ぼくは誇らしげに胸を張る。

三井さんがそんなぼくを見て、満足気な表情を浮かべた。

「あ、また寄り道している客がいるわ。団体行動だっていうのにね。興味の趣くままに動くんだから。じゃあまたね。早くバスに行かなくちゃ。時間が押しているのよね」

そう言って彼女は、ぼくとは反対方向、駐車場のほうに目を向けた。

「そうそう、VIPかなって思っちゃったのは、なにもそのシステムのせいだけじゃなくってね、あなたの客の顔つきが、妙に堅苦しいのが気になったからなのよ。なんだか旅行にきてるんじゃないみたい。とにかくお互い気をつけて……」

そう言い残していったドイツ人添乗員を見送ると、ぼくの視界には十六名の客の顔が飛び込んでくる。

自由行動だと言ったはずなのに、ぼくのそばを離れない三井さんはともかくも、山本家以外の全員が、ぼくの後ろをぞろぞろついてきている。それもおっかない顔をして……。

みんな、ミントティーを飲んでゆっくりしたいのだと思えば、そうとも理解できるが、どうも文句でも言いたそうな表情である。

「雰囲気がまずいわよ……」

カフェに入って、ガイドのファティマが小声で囁《ささや》いてくる。

面々は、空いた席にそれぞれ座ると、なにやらコソコソ話した上で、おもむろに四人の客が席を立った。

四人は示し合わせたようにうなずき合うと、ぼくたちの席に眼光鋭くにじり寄ってくる。

先頭は最年長、七十代の大戸稲造さん、高校の教員をしている石田千恵さんが二番手で、シックで高価そうなジャケットをはおる高山安江さんと入江幸子さんが続く。女性陣はいずれも五十代である。

口火を切ったのは大戸さんだった。

「われわれが、なにを言いたいかはわかるだろうね」

キツネ顔の大戸さんが、目を細めて言った。かすかに頬のあたりに浮かぶ笑みが不気味だ。

長身の石田さんは口を尖《とが》らせ、高山さんと入江さんは、ピンク色の饅頭《まんじゅう》が破裂しそうなくらいに頬を膨らませている。

「せっかく取った休暇が台無しじゃないの」

と石田さんが言えば、

「まったくあなた、何様のつもりなのかしら」

「わたくしたちだって、さすがに我慢の限界よ」

と間髪入れずに、高山さんと入江さんが唾《つば》を飛ばした。

「この調子だったなら、アンケート結果がどうなるか。火を見るよりも明らかだ。いいかね、添乗員。岡崎くんとか言ったかな。添乗員というものは、客に奉仕してなんぼの存在だろうが？」

「だいたいあなた、エラそうなのよ」

「いい加減だし……」

「シディ・ブ・サイドで自由行動なんて、日程表には書いてなかったでしょ」

アンケートのことまで持ち出されて、ぼくは体が強《こわ》ばった。

ツアーの最後、帰りの機内で書いてもらうアンケートは、会社から離れたところで働く添乗員が、唯一束縛されるものである。言ってみれば学生時代の成績表みたいなもので、成績表と違うのは、点数が悪ければ、次回からその旅行会社の添乗依頼はなくなるのである。つまりは仕事を干されるということだ。加えてY旅行社は、独自の査定を行なっている。

今回ぼくは、Y旅行社で仕事をするのははじめてだった。

そしてY旅行社を中心に仕事をしていた添乗員たちの、愚痴とも泣き言ともつかない話を、これまで旅先でいろいろと聞かされてきたものである。

いわく、ハゲ鷹《たか》みたいなY旅行社。手取り足取りのY旅行社。やらずぼったくりのY旅行社……などなど。

日本に旅行会社は数あれど、業界では『中堅の雄』なんて持てはやされるY旅行社は、陰では添乗員なり社員なりを食い物にして伸《の》し上がってきたという風評である。

忘れていたが、そう……Y旅行社のツアーのキーワードは大名旅行だったのだ。

整然と並んで歩くそのさまは、たしかに大名行列のように見えなくもなかった。

裃《かみしも》を着た面々が、「したーに、したに」と道の中央をふんぞり返って歩く。添乗員のぼくは、さしずめ足軽か、提灯《ちょうちん》持ちといったところであろう。

ドイツ人添乗員が、VIPツアーのようだと言ったのは、当たらずとも遠からず。たぶん常連客たちは、大名気分でいたのだろうから。

ところがぼくは、そんな彼らの気持ちをまったく無視してやってきたのだ。足軽や提灯持ちが、隊長のような気分でいたのであるから。

久しぶりの添乗がY旅行社だと話した同僚の添乗員たちは、口々に止めておいたほうがいいと、ぼくを諭してくれたものである。

でもぼくは、

「なーに、どうってことないさ。いつもと同じでだいじょうぶ。旅の魅力を伝えることが添乗員の仕事なんだから、ぼくはぼくのやり方で添乗すればいい」

と逆に闘志満々だった。

けれども立ち上がった四人を前に、ぼくの持論は、早くもツアー二日目で打ち砕かれる気配を見せている。

「いやあ、ミントティーが飲みたくなってね。飲んだらまた遊びにいくけど」

と山本さんが、陽気な声でカフェに姿を見せた。

白い大きな鳥籠《とりかご》を手に持った遥ちゃんは、うれしさを満面の笑みであらわしている。

でもそんな彼女の顔が一瞬で凍《い》てつくほどに、場は緊迫していた。

「どうしちゃったの？」

「それが、その……」

とぼくは山本さんに向かって、消え入りそうな声でつぶやいた。

「とにかく、はっきりさせておいたほうがいいでしょう」

と大戸さんが、厳しい口調でぼくに迫った。

旅の哲学

なぜぼくがY旅行社で添乗することになったかと言えば、遠因は9・11アメリカ同時多発テロにある。

そんなバカな大げさなと言われても、本当だからしょうがない。

同時多発テロが起こって、世界中のツーリズムはその日から窮地に立たされた。

当然のごとく人々は海外旅行を手控える。出張の急を要するビジネスマンでさえも、社命にしたがい、できるだけ海外出張を延期したほどだ。

それは、自転する地球が、突然ピタッと止まったようなものだった。

ツーリズムの末端に位置する添乗員にも、即座に影響があらわれた。

予定していたツアーがことごとくキャンセルになり、もともと自転車操業のような按配《あんばい》で仕事をしていた添乗員たちは、経済的に追い込まれる。

少し落ち着き、正月を迎えたのはいいけれど、その冬は例年以上に仕事が少なく、テロから半年も経つと、転職していく者たちが続出した。

ぼくがまだマシだったのは、ふだんでも仕事の少ない冬に、アフリカや南米のツアーにありつけたからである。

もともと顔が濃く、体も態度もデカイと言われているぼくは、秘境と呼ばれるような地域を得意としている。

客にしてみれば、そんな地域の旅行は、まず不安がよぎる。でも成田で浅黒く日焼けしたぼくを見たとたん、「あなたならだいじょうぶそうよね」と簡単に安心してくれるのだ。

冬はツアーの定番ヨーロッパ旅行が極端に減る。だからこの時期、アフリカや中南米のツアーに添乗できると、閑散期の冬を乗り越えられて、一年中安定的に仕事ができることになる。つまりは冬に仕事を失う季節労働者的な添乗員の立場から脱却できるというわけだ。

おかげでぼくは、転職せざるをえなかった添乗員たちを尻目《しりめ》に、生き残ることができたのである。

旅行会社各社では、客足の戻りつつあったゴールデン・ウィークくらいから、激減した添乗員の確保に躍起になった。引退した元添乗員の主婦や、試験に受かったばかりでまったく経験のない若手、さらには添乗員の資格を持たない社員までが動員された。

そして9・11テロから一年以上が過ぎたこの正月には、完全に添乗員の売手市場と化したのである。

ぼくがY旅行社の添乗依頼を受けたのは、旅行会社の新規開拓が、今後のためにも必要だからと考え、なおかつ、破格の日当を提示してくれたせいである。

でも同時にY旅行社は、アンケート結果に厳格な査定を実施している。

それがマイナス査定方式だ。

アンケート結果がよければ、添乗員に一日あたり数千円のボーナスを支給している旅行会社は、数は少ないがある。でもアンケート結果が悪ければ、日当を減額して支払う会社はY旅行社以外にはない。

Y旅行社が、やらずぼったくり、あるいは陰で社員や添乗員を食い物にして伸し上がってきたと言われる所以《ゆえん》だ。

9・11同時多発テロを乗り切ったぼくは、あえてY旅行社に敢然と立ち向かったつもりであった。

手取り足取り、大名旅行と噂されているY旅行社で、ぼくがぼくのやり方を通せて、アンケート結果がよければ、ぼくは自分の旅の哲学に、さらに自信が持てることだろう。

勢いだけはいつもどおりによかったのだが、しかし現実は、これまたいつもどおりに厄介なものとなっている。

Y旅行社の常連たちにとって、Y旅行社の旅の仕方こそが海外旅行だったのだ。

大戸さんを中心に、四人の代表たちは、シディ・ブ・サイドのカフェで言い募った。

「だいたいなんでおれたちが、きみにしたがわなくちゃならんのだ」

と大戸さんが言えば、

「そうよ。飛行機の中でも、ちっともご機嫌うかがいに来なかったじゃない」

と石田さんが吠《ほ》える。

たしかにぼくは、機内でよだれを垂らして眠りこけていた。

「荷物を自分で持たされるのも、どうかしてるわ」

という高山さんの発言には、

「そう言えばあなた、成田で宅配の受取所までスーツケースを取りに来てくれなかったでしょ」

と入江さんが反応した。

「自分でスーツケースを触るのなんてはじめてよ」

「雨が降ったら、添乗員は傘をさし、バスの下で待機する。それが常識だ」

「朝食のレストランでは、ドアの前で客を迎えるもんでしょう?」

「メディナとか言ったっけ? 市場で買物したときだって、自分で交渉しろなんて、本来添乗員が代わって話をつけるもんでしょう?」

「そうそう、食事のとき、飲み物の注文だって、自分でとらされた。言葉がわかる、わからない以前に、それは添乗員の仕事だったんじゃないかしら」

「第一、君はネクタイもしておらん。失礼というもんだろうが」

「だいたい顔が気に入らないのよ」

「あなた、自分がいい男だとでも思っているの？」

「添乗員なんて、下男みたいなものでしょう」

いまとなっては、だれがなにを言ったのか、あまりいろいろ言われたものだから定かではない。

ただ言えるのは、Y旅行社は、大名旅行を成立させるため、これまで長年にわたって、客にある種の妄想を刷り込んできたんじゃないかということである。

山本さんが「イスラムは危ないだなんて、いったいいつ刷り込まれたんだろう」と感想を述べていたけれど、「イスラムは危ない」以上に、常連客たちは、ツアーとは大名旅行であると信じきっていた。

思い起こせば、打ち合せのとき、Y旅行社の岩村常務から、細かく指示を受けていた。

その内容は、添乗員マニュアルなる五ページにも及ぶプリントにびっしりと書き込まれていたはずである。

でも毎度のごとく、ぼくは会社から渡されたプリント類を自宅のごみ箱に捨ててしまっていた。

だいたいマニュアルにしたがって、旅行してどうなるもんでもないだろう。なにか不都合が生ずれば、臨機応変、知恵と才覚、度胸で乗りきるのがプロの添乗員というものである。

常務から言われたことで覚えているのは、年末に年越しそばを出し、正月には雑煮を出すことだけである。

これはぼくの荷物とはべつに、もうひとつ大きな食料バッグを持たされていたから、忘れようがない。

とりあえず、午前中のカフェで不満を吐き出した面々は、午後になるといくぶんか表情がやわらいでいた。

窓越しにカルタゴ遺跡を見ながら、十六人がいくつかの輪になって、このツアーはじめてとも言える笑い声を響かせている。

「添乗員も、たいへんな仕事なんだねえ」

と山本さんが声を掛けてきた。

「いやね、おれは保険会社に勤めていたんだが、支払うべき保険金を難癖つけて、支払わなかったときなんて、胃がキリキリ痛んだものさ。ああいうのをやらずぼったくりって言うんだろうけど、そんな社の体質にほとほと愛想《あいそ》を尽かして、転職したんだよ」

ところがY旅行社では、やらずぼったくりは客に対してでなく、添乗員に対してなのである。たいへんな仕事という点では同じでも、内容は正反対だ。

今回、アンケート結果が悪ければ、いくら日当が減額されるのか、見当がつかない。大戸さんいわく、少なくとも十六人は、いまのところぼくの評価は0点だそうである。

なにせ自信があったものだから、細かく書かれた査定のプリントまで、ぼくは廃棄していた。

ランチのときには、飲み物の注文を、気を利かして、ファティマがまとめてボーイに言ってくれたのでよかったが、ぼくは自分の旅の哲学というか、添乗員としての誇りを捨て去る目前にある。

「ダイゴ、なに考えてるのか知らないけれど、そろそろガイディングをはじめるよ」

と半ば呆《あき》れた顔をして、ガイドのファティマが言ってくる。

「大五、ガンバ！」

と、三井さんが小さく両の拳《こぶし》を握ってみせる。

「それではみなさん、こちらへどうぞ」

とぼくはマイクに声を吹き込んだ。

カルタゴ博物館に貼ってある大きな地図の前に移動する。

地中海を中心にしたその地図には、カルタゴの勢力範囲が、歴史とともにわかりやすく描かれていた。

いまや瓦礫《がれき》の山のようにしか見えない遺跡だけでは、カルタゴがいかに強大な国家だったのか伝わりにくい。そこで地図を見ながら説明しようというものである。

地図にはギリシアが強かった時代、カルタゴがギリシアに代わって地中海を席捲《せっけん》し、さらにはローマ帝国がカルタゴのあとを継ぐように支配した時代の流れが、色分けされていた。ローマのあとに地中海を我が手にしたのはオスマン・トルコ帝国である。

すなわち、大航海時代になるまでは、世界の中心は地中海だったことを示している。

現在ヨーロッパの中心は、西ヨーロッパにあると言っていいだろう。

だから常に、西ヨーロッパを真ん中に置いた地図で歴史をとらえがちだが、地中海を中心に、アフリカ大陸北部のチュニジアから眺めてみると、まったく違った風景が見えてくる。

ヨーロッパの中世を暗黒の中世と呼ぶのは、オスマン・トルコ帝国に地中海が支配されていたからで、やむなくポルトガルのエンリケ王子は大西洋に可能性を求めて探しに行った。

そうしてやっと、大航海時代から植民地時代へと西ヨーロッパが繁栄を謳歌《おうか》する時代へとなっていく。産業革命がイギリスで起こったのが十九世紀のことである。時を同じくして絵画の世界で印象派が出現したのは、実に興味深い。

モザイク美術がカルタゴで花開いたのが紀元後二世紀。たぶん十九世紀の西ヨーロッパと同じ状況が、カルタゴにもあったにちがいない。

カルタゴは、元はフェニキアの王女エリッサが、王位を狙う兄に夫を殺され、身の危険を感じて地中海を渡ったことにはじまるという伝説である。

フェニキアとは現在のレバノンのことで、古代エジプト王朝やアッシリア帝国が繁栄していた時代に、高度な航海技術を使って、地中海で活躍していた。

カルタゴに移ってからも、航海技術は他を圧倒し、遠く西アフリカにまで植民都市を建設した。現在でも西アフリカ諸国を旅すると、商人はレバノン人と相場が決まっているほどだから、脈々と歴史が受け継がれてきたことを実感するものである。

またカルタゴは、乳児をカルタゴの神タニトに生贄《いけにえ》として捧《ささ》げていた習慣を持つ。多くは第一子ではなかったかと推察されるが、反面、乳幼児の死亡率が高かった古代にあって、亡くなったこどもの供養をしたのではないかという説もある。いずれにしても、いまとなっては謎だ。

ぼくの懸命な解説に、多くはしらけた表情のままだった。

「なるほどな、おもしろいじゃないか」

と腕を組み、顔を見合わせ感心してくれるのは、山本さん夫妻だけである。

「大五さんって、やっぱり一流よ」

と三井さんに持ち上げられても、いつものように調子に乗れない。

「ネクスト、みなさん、こちら」

とファティマが、覚えたての日本語を使って、客を階段のほうに誘導する。

セーターにジーンズ姿の彼女は、見方によってはイタリア人でも通用しそうな顔立ちである。名前のファティマはイスラム教徒に多いものだけど、まったくイスラム教徒臭さを感じさせない。

ちなみにファティマとは、イスラム教の開祖モハメットの四女の名前からとったものである。

一児の母親で、体は小さいほうだが、包容力があり、ぼくの哲学というか、意地みたいなものを軽くいなして、にこやかに客と接する。

「客が要望するならば、そうしてあげればいいじゃない」

とランチの席で、客の不機嫌を説明するぼくに彼女は意見した。

「どうせ、減るもんじゃあるまいし、みなさんに喜んでもらってこその旅行なんだから」

だらだらと客が階段のほうに流れていった。

するとひとりだけ、ポツンと地図の前に残り、立ち尽くしている人がいた。

石田千恵さんである。

関係の悪さから、声も掛けられずにぼくは彼女が動きだすのを待った。

「年号を覚えるだけの世界史って、ほんとに不毛よね。受験のためだけなんだもの。世界史って、そうよ、きっともっとダイナミックなものだったはずなのよ。人類の活動の記録なんだから。紀元後二世紀、一六六年に、ローマ皇帝の使者が中国にやってきているわ。それから時を経ずして、中国は三国志の時代に突入するの。インドやスリランカでは仏教が隆盛し、日本では耶馬台国《やまたいこく》、卑弥呼《ひみこ》の時代。なるほど、昨日見たモザイクの多くは、そんな時代のものだった。躍動する歴史を感じるわ」

石田さんは高校で世界史を教えているのだろう。

でもいったい彼女は、だれに語りかけているのだろうか。

見回しても、ぼくと三井さんがいるだけである。

「石田さーん！」

と彼女を呼ぶ声がする。

階段のほうから大戸さんが舞い戻ってくる。

彼はぼくに一瞥《いちべつ》をくれると、

「石田さん、そんなところでいつまでなにをやってるんですか」

と声を掛けた。

「あら、ごめんなさい。すぐ行くわ」

と石田さんは振り返りざま、足早に歩きだす。

ぼくと三井さんが立っている前を通り過ぎるとき、彼女はぼくに軽くウインクを送った。

熱をこめたぼくの解説が届いた人が、常連の中にもひとりいたのだ。

正直うれしかったし、失いかけた自信がちょっとだけ回復するような気持ちがした。

そうだ、やっぱり添乗員の仕事とは、旅先の魅力を伝えることにある。決してへーコラ客にへりくだり、大名旅行を成立させるため、下男に成り下がることではないのだ。

「岡崎さん、あの人といったいどういう関係なの？　ずいぶん年上だけど、もしかしてあなたって、年上好みなの？」

と三井さんがぼくを睨《にら》んだ。

その目は、まるで闇夜の猫の瞳《ひとみ》のように瞬いた。

なんだか不気味だ。

「どうって……客です」

とぼくは、引き気味に答えた。

「おかしいわ。単なる客が、どうしてあなたにウインクするのよ。あの人になにかしたんじゃないの？」

「なにかって、なにをですか？」

「ちょっかいよ。ちょっかい出したに決まっているわ」

「ご……、誤解です」

とぼくは彼女の追及にまごついた。

「本当に？　なにもしていない？　誓えるの？　アッラーの神に」

（三井さん、あなたはイスラム教徒だったのですか？）

と心の中で言いながら、彼女から体を少し離した。

「イスラム教徒じゃないけれど、チュニジアはイスラムの国じゃない。つまりこの地でいちばんエラいのはアッラーの神ってことでしょう？　ほかの女性と仲良くなったら、どうなるか」

彼女は読心術でもできるのだろうか。ぼくの心を読んで、機先を制する。

「なにやってるの？　遺跡に行くわよ」

　とファティマが呼びに来た。

「痛っ！」

　と大声をあげるところを、ぼくはこらえた。

「どうしたのよ？」

　とファティマが不思議そうな顔をする。

「ノープロブラム（問題ないよ）」

　とぼくは答えた。

　本当は、三井さんに怒りのこもった力で脇腹をつねられたのだ。

　でも彼女につねられたなんて、言えるような状況ではない。

「ごめんなさーい。大五さんがぐずぐずしていたもんだから」

　と三井さんは、なにもなかったみたいにファティマに微笑みかけていた。

サービスの極意

とくに大きな問題が勃発《ぼっぱっ》することもなく、ツアーは進んでいった。

保存状態のすこぶるいいドゥガやスベイトラのローマ遺跡を見学し、ぼくたちは砂漠の中のオアシス、トズールを目指していた。

緑豊かな地中海のリゾートからくらべれば、あたりの景観は一変している。

ほとんど緑のない不毛な大地が続き、ところどころに岩山や、アメリカのグランドキャニオンみたいな渓谷がある。

近くに位置する広大な塩の湖、ショット・エル・ジェリドの先がサハラ砂漠にあたる。

車窓からは、ロバに荷物を運ばせる農民や、何頭ものラクダを放牧している男たちが見える。

チュニス近郊にいる間は、洋服を着ている人たちが多かったけど、ここまで来ると、男も女も、だぶっとした長衣を着ている者が多くなってきた。

風が吹き、砂が舞い、激しい直射日光が差し込んでいる。昼間は暑くても、朝、夕はかなり冷え込む。そんな気候にあって、洋服よりも、民族服のほうが過ごしやすいのだ。街では時折、頭から足まで真っ黒な布をかぶった女性たちも見かけた。

ぼくとファティマは、客の目を楽しませることもあって、洋服から民族服に着替えていた。

ぼくのは、以前モロッコで、友人のガイドからプレゼントされた羊毛製のもので、頭にフードが付いている。

「『ゲゲゲの鬼太郎』に出てくるネズミ男みたいじゃないの」

と高山さんは笑ってくれたけど、

「もしかして、ネズミ男の服装って、意外とこんなところから来ているのかもしれないわね。帰ったら、生徒たちに話してあげよう」

と石田さんは、ぼくをモデルに何枚か写真を撮った。

「逆にネクタイでもしていたら、場違いよね。変に目立って、それこそ危ないかも」

と言う入江さんには、最年長の大戸さんも深々とうなずいていた。

風景が変わったことで、客の心理状態も微妙に変化したかのようだった。

出される料理も、地中海風のイカやエビ、魚のフライ、あるいはフランス料理風だったのが、レバーの炭焼き、麦焦がしのようなクスクス、煮込みのタジンといった、北アフリカらしいメニューになってきている。

まわりの雰囲気がイスラムらしくなればなるほど、不安が先に立ちはじめるようになったのか、しぜんとみんなはぼくのまわりに集まってくる。

何度もぼくが、

「チュニジアはアフリカでいちばん安全な国なんですから」

と説明しても、

「いいや、なにが起こるかわからんぞ」

と大戸さんは、緊張した顔であたりをうかがい、ほかの面々もこれまでとは違って、やけにキョロキョロするようになる。

聞けば、常連客の全員が、ヨーロッパやアジア、アメリカ以外を旅するのははじめてとのことである。

日乾しレンガで建てられた家々がときたま見える。

黒いテントの家もある。

空を覆いがちだった雲はなくなり、澄んだ青空が広がっている。

現代文明から徐々に遠ざかっているような気分に陥る。

「いやあ、旅だね。これこそ旅の風景ってもんだよ。それにしても、岡崎くん、よかったねえ。イスラムは危ないっていう刷り込みが、これほどきみに有利に働くなんてね。その衣装もどうせ、計算ずくだったんじゃないの?」

ぼくの後ろの席から山本さんが顔を出し、こっそりといった感じで嫌味を言ってくる。

「計算ずくだなんて、そんな……。人聞きの悪いことを言わないでくださいよ」

とぼくは口に手をあて、小さな声で反論した。

「ま、ともかく、きみの旅の哲学を貫けそうでよかったじゃない。おれとしても、サービス満点、がんじがらめの大名旅行より、テキトーなほうが気楽でいいから。ふだん仕事で、時間に追われているからさ。旅しているときくらいゆっくりしたいもんだしね」

「あなた、ちょっと言い過ぎよ。ごめんなさいね、岡崎さん。この人の言うこと気にしないでね。すっかり自由な気分に浸っちゃってるものだから」

と、隣に座った美恵子さんが恐縮している。

「そんな、全然気にしてませんから」

とぼくは笑いながら、手を左右に振った。

常連客たちとうまくいかなかった前半に、ぼくは山本さんとホテルのバーでいろいろ話した。同性だし、元バックパッカーの彼とは馬が合ったのだ。

「思うようにいかないのが世の中だけど、どうしても退《ひ》けない一線は、退いちゃいけない。もし退いちゃったのなら、なんのために自分が生きているかわからなくなるだろう?」

十歳近く年上の彼は、そう言って、ぼくを励ましてくれたものである。

山本さんは、どうしても退いてはいけない一線を退いてしまった。だからそんな自分に嫌気がさして、転職したということだった。

「自由といえば、おれなんかより、遥のほうが断然自由だぜ」

と山本さんが奥さんに反論している。

遥ちゃんは両親の席を離れて、大戸さんの隣に座っていた。

山本さんも奥さんも、早くに父親を亡くしているから、遥ちゃんにとっては、大戸さんがおじいさんみたいなものだったのだろう。「じいじ」と呼んで懐き、大戸さんも実の孫みたいに可愛がっている。

遥ちゃんには、刷り込みがない。だから興味があれば現地の人にもしぜんと飛び込んでいく。物怖《ものお》じしない性格で、そんな彼女の行動に大戸さんが振り回されて、大名旅行を壊してしまったと言えなくもない。

常連客のリーダー的な存在の大戸さんが咎《とが》めなければ、ほかの面々も、ぼくのやり方をさほど気に留めなくなったのである。

なんだかぼくは、古典の名著、和辻《わつじ》哲郎の『風土』でも読むような感触を、客の面々から感じ取っていた。日本とは違う土地柄が、みんなの気持ちを変化させたようなのだ。

和辻哲郎が言ったのは、風土が人間の思想や行動などを形づくるということである。

つまりは慣れない風土に面々は、日本で育《はぐく》まれた心や体がアンバランスになり、いかにも慣れた素振りをみせるぼくに頼るようになったのだ。ましてやイスラム色がより濃くなっている。イスラムは危ないといった日本の常識が、さらにぼくに有利に作用した。

チュニジアは秘境でもなんでもないけれど、アラブ・イスラムの国初体験の客にしてみれば、そういったさまざまな不安を乗り切るために、大名旅行なんかはかなぐり捨てて、秘境に強そうなぼくを必要とした。そうしてぼくのやり方に合わせることで、なんとかバランスを取ろうとしているようである。

前方、黄土色の大地の向こうに、緑のオアシスが浮かぶように見えてきた。

荒涼とした土地に、そこだけ命が灯《とも》ったようにみずみずしい。

良質のナツメヤシの実が育ち、むかしからオアシスとして栄えたトズールの街である。

ぼくの説明に、一同から安心したような声が漏れ聞こえてくる。

森と水の国からやってきた日本人にとって、オアシスは、遊牧民以上にほっとするものなのかもしれない。

「ところでさあ、三井さんと寝ちゃったのか？　おれに内緒で」

と、また後ろから山本さんが囁《ささや》いてくる。

この人だけは、アンバランスや不安とは無縁のようだった。逆に若いころ旅していたときの感覚が蘇《よみがえ》ったのか、奔放さが増している。

「あなた、変なことを言わないでよ。下品なんだから」

「そうですよ。お下品ですよ」

とぼくも美恵子さんに追随してやわらかく、しかし目を剝《む》いて、山本さんを睨《にら》んだ。

「チェッ、二人していい子ぶりやがってよ。でも気になってたんだ。ここんところの彼女の様子がさ」

ぼくは山本さんが見るのとほぼ同時に、三井さんのほうを振り向いた。

すると彼女は、ぼくのほうをじっと見ていた。

あの、暗闇に猫の瞳《ひとみ》が光ったような目をしてだ。

「なっ、ヤバイだろ。あれは尋常じゃない。またおれは、おまえが寝ちゃって、ポイしちゃったのかと思ってさ。添乗員稼業はいいもんだ。うらやましいなと思ってたんだ」

「あなた、いい加減にして！」

美恵子さんの声がバスの中に轟《とどろ》いて、さすがの山本さんも、それ以上はなにも言ってこなかった。

ただ、三井さんのことが気になっていたのは、ぼくも同じであった。

石田さんや高山さん、入江さんたちがぼくにまとわりつくようになってから、彼女はそれまでのように、ぼくのそばにいなくなったのだ。

そうしてふと気がつくと、ちょっと離れたところから、彼女はぼくを見ていた。

そのたびに、ぼくは悪寒が走った。なんだか監視されているような、ストーカーされているような気分だったのである。

彼女は妙に無口にもなっている。だれと交わることもなくなっている。

トズールの街に入った。

緑のモスクと六角形のミナレット、アーチ形をした、日乾しレンガ造りの商店街に、荷車を押す人たちや、荷物を運ぶロバ、馬車や車が行き過ぎる。

カレーシュと呼ばれる馬車の乗り場でバスは止まった。

ここからは、馬車に分乗し、オアシスの中を見学する予定になっている。

風がゆるやかになり、水の潤いが鼻に広がる。

水に匂いがあったのかと思われる瞬間である。

ただそれが、どんな匂いなのかと問われると、答えるのは難しい。あえて言うなら、カビ臭くない鍾乳洞《しょうにゅうどう》の匂いといったところか。

体の緊張がしぜんとほぐされ、細胞の内側から安らかな喜びが満ちてくる。

道路はさらさらの砂なのに、あたりには、緑の草とナツメヤシの木が生い茂っている。

「ここには地下水脈があるんだそうです。灌漑《かんがい》設備を作って、水が流れるようにした。おかげでナツメヤシだけではなく、レモンやオレンジ、アプリコットなども育っています」

ぼくの説明がおわると、面々は、ファティマが連れてきた馬車に乗り込む。

しかし小柄な日本人には、馬車の位置が少々高すぎる。とくに女性たちは、重いお尻《しり》が持ち上がらなくて、乗り込むのに難儀している。

ぼくは見かねて一台の馬車に飛び乗った。

片手を差し出し「セーノ！」と掛け声をかけ、女性陣を引っ張り上げる。お腹と背中に手を回し、前のめりに馬車の中に倒れこむ彼女たちを支えた。すると、

「あらまあ、やればできるじゃないの」

と高山さんがうれしそうな顔をする。

入江さんの手はやわらかだった。

「日本人の男性も、少しはレディーファーストの習慣を身につけないとね」

とは石田さんである。

「ほれ、珠枝《たまえ》」

と大戸さんに手を差し伸べられて、奥さんは、

「恥ずかしいでしょ」

と顔を赤らめながらも、引っ張り上げてもらっている。

「ダイゴ、少しはわかった？　サービスっていうのはね、しぜんにやってさしあげること

なのよ。変な理屈はいらないでしょ。ズンズン前を歩いていくだけではダメなんだから。とくに相手が女性の場合は。いまみたいにしてさしあげるのは、大事なことよ。だいたいドアは男が開けるもの。そうして女性を先に通してあげるの。それが気遣い、女性に対するいたわりってものなのよ。うちのダーリンなんて、そりゃもう、やさしいんだから」

いったん馬車を降りると、ファティマが半分のろけたような顔をして説教してくれる。

「男を磨くって、そういうことなのよ」

たしかにぼくは意固地になっていた。

自分の旅がどうあれ、会社の方針がどうあれ、添乗員としてというより、男として、人間として、どうしたらいいのかを考えるべきだったのだ。

三井さんの姿を捜すと、彼女はドライバーのモハメットに引っ張りあげてもらっている。

モハメットは、ファティマの指示で、バスを乗り降りするときなど、ぼくに代わって、客に手を差し伸べてくれたのだ。

髭《ひげ》を生やした顔は、いかめしくも見えるけど、彼のサービスは、単なるドライバーの領域を越え、いつもやさしさに満ちている。

三井さんは、馬車の上からぼくのほうを見て、寂しそうな視線を送ってよこす。

事件が起こったのは、その日の夜のことである。

悪夢のような夜

ぼくたちの泊まったホテルは、トズールの街はずれ、小高い丘の上にあった。

あたりはツーリスティック・ゾーンと呼ばれる一帯で、高級ホテルがいくつも建っていた。

街中と違って喧騒《けんそう》はなく、いたって静かだ。

砂漠を感じたいヨーロッパ人が、首都チュニスに立ち寄らず、直行便でこの地を訪れるのもわかる気がする。

周囲にはオアシスと、美しい砂漠が同時に広がり、どの高級ホテルでもそういった景色が見える造りになっているらしい。ぼくたちの泊まったホテルでも、プールサイドから、そんな景色を楽しめた。

バイキング形式の夕食がおわると、昼間の発言の罰として、山本さんは連夜のバー通いを禁止され、美恵子さんに連行されるみたいに自室に戻った。

それでぼくもこの夜は、ひとり静かにスコッチでも飲んで過ごそうと思っていた。

客が忘れ物でもしていないかレストランを確認し、いちばん最後にロビーを通って、中庭に出る。日乾しレンガ造りの母屋から、いったん外に出て、それぞれの客室に行くようになっているのだ。バンガロー形式がこのホテルの売りである。

ぼんやりとオレンジ色のライトが足元を照らしてくれている。

周囲には緑の芝生が敷かれ、ナツメヤシの木が茂る。

空にはぼんやりと三日月が昇っているのが見えた。ヒューヒューと風の泣くような音が聞こえ、ナツメヤシの木がガサガサと葉を擦り合わせる。

もしこれで風があまりなかったのなら、暗いブルーの空には、はっきりと月が見えたにちがいない。砂が舞っているせいで、上空がやや霞《かす》んでいたのだ。

点在している客室棟から明かりがこぼれる。

でも声がはっきりと聞こえてくることはない。日本人のグループはぼくたちだけだったけど、フランス人のグループが三組に、ドイツ人のグループとロシア人のグループがそれぞれ数組ずつ泊まっており、ほぼ満室のはずである。ただどのグループでも、日本と同様年配の人たちが中心になっていたから、いたって静かなんだろう。

不気味なほどの静けさに満ちていた。

砂漠性の気候で、急激に気温が下がってきている。羊毛の民族服を着ていても、背中がゾクッとした。

嫌な予感がして振り返る。

しかしだれもいなかった。

それでもぼくは、ゾッとした。

もしそこに三井さんが立っていたならと思うと、恐かったのだ。

小走りに自室に向かい、しっかりとドアを閉めておく。鍵《かぎ》をかけ、ふだんは忘れがちになるドアチェーンもちゃんとしておく。

明かりを点《つ》けて、まず目に飛び込んできたのは、食料バッグであった。

ぼくたちがこの年のカウントダウンを迎えるのは地中海に浮かぶ島、ジェルバ島でとなっている。

つまりはジェルバ島では、会社から持たされた年越しそばや雑煮を、添乗員が作らなければならないのだ。これはY旅行社のみならず、多くの旅行会社が採用しているサービスである。

いくらぼくでも日本食サービスをうっちゃって、持ってきたまま食料バッグを日本に持ち帰るのはまずい。でもこればかりは、常にホテルのレストランとの交渉が必要だ。

プライドの高いシェフがレストランを仕切っていたならば、日本食のサービスになんて協力してくれないのだ。ファティマの話によれば、ぼくたちの泊まるホテルでは、たぶんコックには手伝ってもらえないだろうが、調理場を借りることはできるという話であった。寸胴《ずんどう》を借りて湯をわかし、そばを湯がくと同時に、もうひとつの寸胴で雑煮用のすまし汁を作らなければならない。

どうせなら、カップ麺《めん》を持たせてくれればよかったのに、Y旅行社の担当社員が間違えたのか、レトルトの粥《かゆ》も入っており、かさばるカップ麺ではなく、何束か乾麺が用意されていた。当然切餅《きりもち》や、粉末状のダシ、ペットボトルに入ったダシ醤油《じょうゆ》も入れられている。これでバッグは満杯である。なにせそれぞれ二十人分以上あるのだ。

元日の出発は午前八時。フェリーで本土に戻ることを考えると、この日の行程は結構時間がかかるから、予定より遅らせることはできない。二日に分けて出してもいいのだが、面倒なので元日の朝、両方とも出す。

するとぼくはどんなに遅くても午前四時半ころには起きだして、料理を作る必要があった。

サービス満点、手取り足取りのツアーなんて、所詮《しょせん》添乗員の酷使でしかない。

ソファーに座って、スコッチ片手に食料バッグを見ていたら、胸がムカムカしてきたので、シャワーを浴びることにした。

明日の予定を確認し、もう一杯飲んで寝てしまおう。

そう思って、バスルームから出てくると、ベランダに出るガラス戸が少し開いており、冷たい風が吹き込んでいた。

ガラス戸を開けた記憶などない。もしやハウスキーピングの人が閉め忘れたのか？　いや、部屋に戻って風など感じなかった。

どういうことだ？

泥棒か？

それとも、まさか、三井さんが忍び込んだんじゃあるまいな。

そう考えると、体が震えた。

いくらなんでもそこまでするか。

部屋をぱっと見たところ人影などない。

ぼくは深呼吸し、窓際のソファーに座ってスコッチの水割りを飲む。

それでも部屋の中の空気に、微妙な変化を感じた。

とっさにソファーから下りて、ベッドの下を覗《のぞ》き込む。

だれもいなかった。

またソファーに戻って、水で割るのももどかしく、ストレートでスコッチをあおった。

違和感を消し去ることはできないままだ。

もう一度部屋を丹念に見回した。

ツインのベッドに、デスク、冷蔵庫、それにテレビがあるだけだ。あとはぼくの荷物が二つ置かれているにすぎない。バスルームは先ほどまでぼくが入っていたから、だれかがいるわけがない。

もしやと思って、ベランダのガラス戸を開けて外に出てみる。

風が強くなっているだけで、猫の子一匹いやしない。

今度は寒さで体が震えて、鳥肌が立つ。

バスタオルを腰に巻いただけだったのだ。くしゃみをしながら部屋に戻り、バスローブでも置いてないか、クローゼットを開けた。

次の瞬間、ぼくは声も出なかった。

なんとそこには、胸の前でバツを作る恰好《かっこう》で、三井さんが立っていたのだ。それも真っ赤な民族服を着て。

きっと今日、土産物屋でみんなと一緒に買ったものにちがいないけど、見方によってはネグリジェに見えなくもない。

「大五さーん……」

と彼女は、蚊が鳴くみたいな声でぼくを見つめた。

「ずっとわたしのこと無視してたでしょう?」

「無……無視なんて、してないですよ」

とぼくは狭い廊下を後退《あとずさ》りする。

と言っても、すぐに背中が壁にくっついた。

「せっかくアッラーの神が二人を結びつけてくれたのに……」

彼女はきっと、どうかしている。

「だって、前回一緒になったのはトルコのツアーだったでしょ。今回も同じイスラムの国、チュニジアなんだもん」

「そういうことですか」

とぼくは彼女の思考に正当性を見出《みいだ》し、なんとか納得をした。

しかし納得している場合ではない。忍び込むなんてよっぽどだ。訪問してくるのなら、玄関ドアのほうから来るべきである。クローゼットの中に忍び込むなんて、どう考えても異様である。

「だって、大五さん冷たいんだもん。こうでもしなけりゃ、結ばれないと思ったの」

やはり彼女は読心術ができるのか。ぼくはなにも言ってないのに、彼女の言い分はぼくの問いに答えたことになっている。

三井さんは、立て掛けた棺桶《かんおけ》から、硬直した死体が倒れ込むみたいに、ぼくに寄り掛かってきた。

「まずいです。まずいですよ……」

とぼくは呻《うめ》いた。

背中が壁にくっついているので、逃げ場は左右しかない。ところがジタバタしようにも、彼女の手がタコの足みたいに執拗《しつよう》に体にまとわりついてくる。

「だってわたし、もう三十《みそじ》なんだもん」

「そんなこと関係ないでしょ」

「関係あるわ。三十過ぎたら、もうおばさんでしょ」

「おばさんじゃありません！」

「ウソ！」

「ウソじゃないですよ」

「やっぱり、あの石田さんのことが好きなんでしょ。みんなに言い触らしてやる！」

三井さんは、猫みたいな顔だったのが、悪魔のようになる。

次の瞬間、彼女はぼくに抱きついたまま、耳を齧《かじ》った。

「痛っ！」

「痛いでしょ？　痛いのは生きてるってことなのよ」

悪魔というより、こうなっては吸血鬼である。

「離してください」

とぼくは彼女を押し退けようとする。

でも首の後ろで固く手を結ばれて、三井さんはブランコみたいにぶら下がる。

するとそこに、チャイムが鳴った。

「大五、起きてんだろ？　一杯やろうぜ」

とは、山本さんの声である。

「美恵子も遥も寝ちゃったんだよ。心配いらない。今日はとことん飲み明かそうぜ。成田で買っておいたブランデーを持ってきてやった。高級ブランデーだぞ」

あまり声が大きいものだから、あたりの部屋に聞こえたのだろう。隣のバンガローから咳払《せきばら》いする声が聞こえる。

「バカ野郎、居留守なんて使いやがってよ……」

山本さんは、ドアに向かって小声で吠《ほ》えるように言う。

立ち去る山本さんの足音が耳に届いた。

その間ぼくは、三井さんが叫んだりしないよう彼女の口元を手で押さえていた。手を離す。

「苦しかったわ。でもこれで、正真正銘二人っきりよね」

と彼女は、首の後ろで結んでいた手をゆるめた。

「ですから、ぼくは……」

とぼくは三井さんの両肩を鷲《わし》づかみにする。彼女に冷静になってもらわなければならない。説得しようと思ったのだ。

しかし彼女は、いかにもしぜんに今度はぼくの胸に顔をうずめた。

こういうことを、意思の疎通がまったくないと言うのである。

たぶん三井さんは、思い込みの激しい性格なのだ。

成田で再会したときに、ひどく喜んでくれたのは、アッラーの神のおかげだと信じたせいだろう。

でもぼくに言わせれば、イスラムの国で何度か一緒になったことのある客は、十人以上いた。

なぜなら、いくつかの旅行会社が、同じくらいの価格で、同じような地域にツアーを出しているからである。とくに中東、アフリカ、中南米では、ツアーの数も少なく、そういった地域に強いと言われているぼくが、添乗する可能性は俄然《がぜん》高くなる。

そして二度、三度とべつの会社のツアーで顔を合わせるのは、なにも添乗員にかぎったことじゃなく、客同士でもあることなのだ。

だからアッラーの神のおかげと言うより、きわめて必然に近い偶然が起こりうる。

ぼくの必死の説得を、三井さんは頭《こうべ》を垂れて聞いていた。

やっと話が通じたようだ。

「でもね、占いによれば、近々神様の思召《おぼしめ》しで、いい人に巡り合えるって言われたの」

「それを信じてたんですか……」

「だって、その占いの先生、父の死を予言したのよ！」

三井さんには、彼女なりの論理があったようである。

「またどうして、お父さん、亡くなったんですか？」

「突然のことだった。クモ膜下出血で倒れて、そのまま……。わたし、父のことがものすごく好きだったから、ショックでずっと塞《ふさ》いでいたの。そうしたら、先生が旅行にでもいきなさいって。ちょうど一周忌がすんだものだから。旅行にいけば、きっといい縁に巡り合えるはずだって……」

そう言って、三井さんは啜《すす》り泣く。

父親が亡くなったことをあらためて思い出したにちがいない。

ぼくも三年前に父親を亡くした。

一年くらいはなにかにつけて、生前の父親のことを思い出し、身の回りにあるべきものが突如なくなったような喪失感に襲われた。

だから三井さんの寂しさは、痛いくらいにぼくにもわかった。

ぼくは彼女の背中をさすってあげた。

三井さんの呼吸が落ち着いてくるのがわかる。

するとその時、ベランダのガラス戸がガラッと開いた。

「大五、てめえ、おれから逃げられるとでも思っているのか?」

と、赤らんだ顔をした山本さんが姿を見せる。

彼は両目を見開き、ぼくと三井さんを見た。

そして息を呑《の》む。

たしかにぼくは、腰にバスタオルを巻いただけだし、三井さんはネグリジェみたいな真っ赤な民族服姿である。

疑うなと言うには無理がある。

でもここで、弁解しないわけにはいかない。

腹に力を入れて、山本さんのほうを見た。

その時うかつにも、腰に巻いたバスタオルがはらりと落ちた。

三井さんが、カエルの潰《つぶ》されたような声を出す。

「やっぱり、おまえ、そうだったんだ。おれの目は節穴じゃなかったってことだな。ま、よろしくやってくれたまえ」

と山本さんは、ぼくの股間《こかん》に一瞥《いちべつ》をくれると、踵《きびす》を返す。

「違うんですよ、山本さん、待ってください!」

とぼくはバスタオルを拾い上げ、股間を隠しつつ、不様な姿勢で声を飛ばした。

「なんだ、おれも仲間に入れてくれるのか?」

と山本さんは、うれしそうな顔で振り向いた。

仲間って、なんの仲間だ?

山本さんはすでに、ずいぶん酒を飲んでいるようだった。

「わたし、帰ります」

と三井さんが怒ったように、ベランダに向かって歩きだす。

「なんだ、帰っちゃうのか?」

と山本さんが残念そうに、自分の前を通り過ぎていく彼女を見送った。

まったく、悪夢のような夜だった。

迫られる決断

翌日ぼくは、朝からずっと朦朧《もうろう》としていた。

なにせ、三井さんが出ていってから、山本さんがぼくの部屋に居座って、明け方近くまで飲んでいたのだ。何度話しても、彼は事の真相を一向にわかってくれず、時間だけが過ぎてしまったのである。

挙げ句に山本さんはぼくの部屋に泊まり、ようやくベッドに入れたと思ったら、山本さんの奥さん、美恵子さんからの電話で叩《たた》き起こされた。

美恵子さんにしてみれば、朝起きたら夫がいないのだから、さぞや驚いたことだろう。

おかげでぼくは、ほとんど寝ていなかった。

こんな日は、バスの車内でピアノ音楽でもかけて客を寝かしつけ、ついでにぼくも昼寝でもしてしまえばいいのであるが、そうはいかない。

天候が最悪だったのだ。

猛烈な風が吹き、地表の砂が舞い上がって、スコールみたいにバスの車窓を叩いていた。視界はさえぎられ、ドライバーのモハメットにも、いつものにこやかな表情はない。ずっと必死の形相で運転している。

冬のこの時季、本来は、乳白色がかった水色を美しく見せてくれるはずのショット・エル・ジェリドでさえ、砂のせいでなにも見えなくなっていた。

ワイパーを最速にしても、わずか十メートルくらい先がやっと見える程度なのである。

あたりは灰色に覆われていた。

ぼくもこんな凄《すさ》まじい砂嵐を見るのははじめてだったけど、たぶん客は砂嵐すら見たことがない。

砂がバチバチと音を立ててバスを襲った。乗降口はしっかり閉まっているのに、細かい砂が入り込むのか車内も霞《かす》む。モハメットの隣で前方を凝視するファティマの足元には、ちょっとした砂の小山ができている。

この日は移動がおもになる。観光は、トズールから百キロほど離れたドゥーズの街で四駆に乗り換え、サハラ砂漠で沈む夕日を見るのだ。

でもバスはスピードを出せずに、なかなか先に進まなかった。サハラ砂漠に行けるかどうかも定かではない。

「岡崎さん、夕方のサハラ見学はどうなるのかしら？」

と小太りの高山さんが、体を揺すりながら訊《き》いてくる。

見たこともない天候に、本人も気がつかないうちに不安が募っているのだろう。貧乏ゆすりが止まらないでいる。

「なんと言っても岡崎さんは、われわれの部隊の隊長だ。砂嵐ごときに屈するわけがない」

「そうだ！」

これまでどちらかと言えば、物静かだった男性陣が、大戸さんの発言に、にわかに気炎をあげている。

女性陣に押されっぱなしだった雰囲気を、この機に乗じて、盛り返そうとでもするかのようだ。

常に海外ツアーは女性陣が大半を占める。日ごろの家事から解放された彼女たちは、成田ですでに旅に対する臨戦態勢に入り、まるで日本での現実なんか忘れたみたいにのびのびとなる。

それに引き替え男性陣は少数派である。加えて日本での現実を引きずってしまう人が多く、旅行に来ても、仕事の話ばかりをしていたりする。未知の国での失敗をことさら恐れ、自分をさらけ出せないままでいる人が多い。行動を起こして、もし失敗でもしたら、男としての沽券《こけん》にかかわる。そんなつまらないプライドが、女性にくらべれば、もう一歩旅に積極的になれない姿勢となってあらわれる。

しかしこの日の男性陣は、女性陣が気弱なところを見せたせいか、勇ましかった。

「山本くんもそう思うだろ？　山本くん、きみ、寝てちゃいかんよ」

大戸さんに起こされるかたちで目を覚ました山本さんは、

「そうですよ。ほんとにそうです。男なら、決めるときはビシッと決めなきゃ、なあ、大五」

と言ってまた眠る。

「大五さん、決断して！　アッラーの神が見守ってくれているのよ」

と三井さんが叫んだ。

きっと違う意味である……。

「いやらしい……」

と、ぼくの後ろで美恵子さんがつぶやいた。

夫から話を聞いて、真相は知らないまでも、ぼくと三井さんのいきさつを知っていたのだろう。

「ママ、いやらしいって、なに？」

遥ちゃんが大声で、通路をはさんだ隣の席から、つぶらな瞳を美恵子さんに向けている。

「べつにいやらしい話でもないだろう？」

と大戸さんがふしぎそうな顔をして、美恵子さんのほうを見る。

「ですからね。誤解なんですよ。散々説明したのに、山本さんは、全然わかってくれなかったんです」

とぼくは椅子の隙間に顔を入れ、美恵子さんに小声で訴えた。

「まったく、男って、どうしようもないのよね。秋になってやっと判明したんだけれど、この男、上野にある外国人パブで、ルーマニア人の女性に入れあげていたのよ。わたしと遥がいると言うのに……。なにが罪滅ぼしのチュニジア旅行よ。旅行に来たって、毎晩飲んだくれ、その上、岡崎さんのことをうらやましがって、おれも添乗員をやろうかなんて……バカにしてるわ」

奥さんに頬をつねられても、山本さんはムニャムニャ言うだけで、目を覚まさない。

「……悔しいでしょ」

と彼女は涙目になっている。

「どうした？　美恵子さん。なにかあったのか？」

心配そうに大戸さんが、通路に体を乗り出した。

「岡崎くん、なに美恵子さんを泣かしておるんだ。きみ、添乗員なんだぞ」

「そうよ。女性を泣かすなんて最低よ」

と猫の目をして叫ぶのは、三井さんである。

話がぐちゃぐちゃになっている。

後方の座席のほうでは、強行突破を主張する男性陣と、慎重を期すべきだと訴える女性陣が喧々《けんけん》ガクガクの言い合いだ。中には夫婦喧嘩《げんか》に発展しているカップルもある。自然の脅威にさらされて、人間とはかくも弱い存在であったのか。

ファティマが東のほうを向き、何度もお辞儀を繰り返す。

イスラム教の聖地メッカは、チュニジアからでは東の方角になる。

ふだん彼女は、仕事中に祈る姿を見せたことはない。でも時計を見れば正午ちょうどだ。祈りの時間になっている。チュニスあたりでは洋服を着ていたファティマだけれど、その名も示すように、心はやはりイスラム教徒なのだった。

大幅に時間を遅れて、ぼくたちは、なんとかドゥーズの街に入った。

建物や、オアシス特有のナツメヤシの木が風をさえぎっている。そのせいか、いくぶん砂嵐は弱まったようだったけれど、風と砂が舞う街は無人で、まるで廃墟《はいきょ》だ。

ホテルに到着すると、四駆のドライバーたちが待っていた。

彼らは口々に、こんな天候では、サハラ・ツアーは無理だと言った。

ランチの席上、ドライバーたちの意見をみんなに伝える。

面々は、やや落ち着きを取り戻したようだった。

ここのホテルも、幾何学模様を彫り込んだ日乾しレンガでできている。そのぶ厚い壁が、砂嵐の音を遮断し、平穏さを演出してくれている。

「それで一案なんですが、夕日を見るのは断念するとして、代わりに明日の早朝、日の出を見に行くっていうのはどうでしょう?」

ファティマが、元は遊牧民だったドライバーたちと話をつけてくれたのだ。

食事しながら、面々は、四駆のドライバーたちが座ったテーブルに目をやった。

四人のドライバーたちはいずれも背が高い。身長は軽く百八十センチを超える大男たちである。ブルーの民族服に身を包み、厳しい表情を崩さない。その佇《たたず》まいは、見たことはないけれど、武士の姿を彷彿《ほうふつ》とさせるものがある。

苛《か》酷《こく》な環境に生きてきた、まさに男の中の男たちだ。

そんな彼らが決断したのだから、信頼に値する。

最初は文句を言っていた男性陣も、彼らの存在感に圧倒されて、もはや反論しなかった。

「それでも明日、もし砂嵐がこのままだったなら……」

と石田さんが冷静な口調で訊いてくる。

「たぶん、中止ということに」

とぼくは、ドライバーたちを見ながら答えた。

「いくじなし！」

と叫んで、三井さんが立ち上がる。

「どうしてあなたは、自分で決断しないのよ⁉」

ほかの面々はもとより、ぼくまで口をぽかんと開けて、彼女を見つめた。

三井さんの言っていることは支離滅裂なのである。

ドライバーたちの意見にしたがったとしても、最終的に結論を出したのはぼくなのだ。

それともべつの話をしてるのだろうか。

「おまえが寝ちゃっ……」

と言い掛けて、山本さんが美恵子さんに、唇をむんずとつかまれている。

三井さんは、なにを思ったのか席を離れて、レストランから走って出ていった。

みんな呆然《ぼうぜん》と彼女の後ろ姿を眺めた。

「追いかけなさいよ！」

と美恵子さんに凄《すご》まれる。

「ですから誤解なんですよ。占いが……」

ぼくが彼女に説明しようとすると、レストランの外からホテルのスタッフが走り込んできた。彼はひどく慌てた様子で、ファティマになにか言っている。

「ダイゴ、三井さんが表に駆け出していったらしいわ。なにを考えているのよ。早く連れ戻さなくっちゃ。なにもないとは思うけど」

ファティマの隣では、心やさしきモハメットが、心配そうな面持ちでぼくを見る。

「行くぞ、モハメット！」

とぼくが言うより先に、彼は席を立つ。

モハメットのあとを追うように外に出た。

依然、砂嵐は吹き荒れていた。

「三井さーん！　どこですか⁉」

声を大にして叫んでみても、返ってくる返事などない。

砂の一粒一粒が顔に当たって、耐えられないほどに痛い。

ぼくはフードを頭にかぶって、うつむき、風に飛ばされないよう足に力を入れて、前かがみに進んだ。

テレビで見たことがある、南極のブリザードの中を歩くみたいだ。

先はほとんど見えなくなっていた。

アンハッピー・ニューイヤー

ぼくの寝不足は二日間続いた。

ドゥーズのホテルでは、天候のせいで、足止めを食らった旅行者たちがいたものだから、部屋が足りなくなって、ぼくはドライバーのモハメットと同室になった。

男同士だから気を遣うことはないけれど、モハメットは寝る前になってから延々と家に電話した。なんでも「毎晩ママと話さないと心配するから」だそうである。そしてやっと眠れたかと思ったら、夢の中に何度も三井さんが、例の猫のような目をしてあらわれ、そのたびにぼくは、恐怖でガバッと飛び起きた。

さらにモハメットは、母親にモーニングコールを頼んだらしく、午前三時には電話のベルで起こされたのである。

もともと彼は、サハラ・ツアーには帯同しないことになっていた。でも心配だからついていくつもりだったらしい。

おかげで睡眠時間は、二日間合わせて五時間もない。

そんな調子で、ぼくは半分フラついていた。幸いだったのは、砂嵐が止んで、無事サハラ砂漠で日の出を拝めたことである。

この日はスター・ウォーズの撮影現場となったマトマタで、地面を掘って造られたこの地方特有の家を見学し、ジェルバ島にフェリーで渡った。

ジェルバ島は、チュニジア最大のリゾートである。古代ギリシア時代から、旅人が故国を忘れてしまうほどだと形容されている。

早朝サハラ・ツアーを加えたせいで、時間は押せ押せになっていた。ホテルに着いたのは午後七時。到着するとレストランに直行し夕食を食べ、おわったらすぐにでも部屋で寝てしまおうとぼくは考えていた。

翌日は午前四時半に起きて、ソバや雑煮を用意しなければならないからだ。

ところが親切にも、ホテルのマネージャーが、その夜開かれるニューイヤー・パーティーに、ぼくたちのグループを無料で招待してくれたのである。

朝が早かったせいで、男性陣はこれをほとんどが断った。しかし女性陣ときた日には、どこにそんなパワーが残っているのか、ほぼ全員が二階のホールに集まった。

当然ぼくも、いくら眠くても参加しないわけにはいかない。

「思った以上にステキな人たちが来てるじゃないの」

高山さんは、そう言って、隣に座ったぼくを肘《ひじ》で突《つつ》いた。

「岡崎さん、起きてる？　しっかりしてよね。もし誘われでもしたら、あなたに通訳してもらわなければならないんだからね」

高山さんの隣の石田さんが、ぼくの耳元に向かって大声を出す。

生バンドがかなりのボリュームで演奏しているから、しぜんと話す声も大きくなるのだ。

ぼくは、閉じかかっていた目を見開きうなずいた。

万一誘われたって、どうにでもなるはずである。だいたい彼女たちは、言葉はわからなくても、市場で堂々と値段交渉ができるのだ。

みんな、地の果てみたいな砂漠を離れて、不安そうな顔をしていた昨日までの様子は微《み》塵《じん》も感じられない。

チュニジア一のリゾートで、モダンなホテルに泊まり、すっかり調子を取り戻しているようである。

ホールはまるでディスコみたいにミラーボールが回転し、レーザービームが飛び交っていた。まだ時間が早いせいか、それほど客は集まってない。

面々は、ファティマとモハメットを囲んでひとつのテーブルに、もうひとつのテーブルにぼくたちがいた。

　高山さんの反対隣には美恵子さんが座っている。

　これまで散々自由に遊んできたので、夫の一也さんは、この夜は遥ちゃんと部屋で留守番だそうである。

「ところであなた、どうするつもりなの？　いくら占いにしても、思い込んだら、それが恋愛なんだから」

　昨日サハラ砂漠に夕日を見にいけなくなったので、時間ができた。その間に、ぼくは山本夫妻にだけ、本当の話をしたのだ。

「どうって言われても、いまは全然物事を考えられる状況ではないんです。なにせ眠たくて」

「でも酔った勢いで、今夜こそと、またあなたの部屋に遊びに来たりして……」

　モハメットの隣に座る三井さんを盗み見ると、彼女はハイペースでガンガン水割りを飲んでいた。

「女性に恥をかかせちゃいけない。そうでしょう？」

「そんなことを言われても……」

「いまどきは積極的に行く女性だって多いんだからね。わたしだってね、一也とは……。

わたしなにしゃべってんだろう？　とにかく彼女は、結婚適齢期なんだし、これまでだってあったんでしょう？　こういうことが」

ふだんは上品にしているくせに、亭主とこどもを置いてきて、アルコールの力もあってか、美恵子さんの発言はどんどん大胆になってくる。

「ありませんよ。はじめてですよ」

とぼくは憮然《ぶぜん》と答えた。すると彼女は、

「やっぱりね」

と妙に納得してカクテルを飲む。

演奏される音楽は、ちょっと古めのポップスだった。

「踊ろうか」

と美恵子さんが席を立つ。

『ランバダ』が流れはじめたところであった。

「手近な男はあなたしかいないんだから、しょうがないでしょ」

と彼女に言われて、渋々席を立つ。

美恵子さんはノッていた。手と足でリズムをとりながら、腰をくねらせる。いつもは後ろでまとめている髪を、この夜は下ろしていたから、髪が振り乱れ、やがては恍惚《こうこつ》とした表情になる。四十歳を目前にした彼女は、たぶんバブル世代だ。若いころ、お立ち台で踊っていたかどうかは定かじゃないけど、場慣れしている。

イヤリングが揺れ、大きく開いた衿元《えりもと》からネックレスが飛び出してくる。首筋の汗が光り、息が弾んだ。淡いピンクのブラウスに濃紺のミニスカート姿だ。

「結構やるでしょ？」

踊りながら彼女は言った。

たしかに色っぽい。

入口からはぞくぞくと客が入りはじめていた。

地元というか、アラブ人っぽい顔立ちの男女や、ヨーロッパ人の老夫婦、もちろん若いカップルもいる。

そんな中、美恵子さんは二十代くらいに見える。日本女性が世界中どこに行っても十歳以上は若く見られるのもうなずける。

「三井さんに嫉妬《しっと》させちゃおう」

とノリノリの彼女は、体を近づけてきた。

ぼくも美恵子さんの踊りに合わせて、跳びはねた。

何曲か踊って席に戻った。

「なんだか若返った気がするわ。踊るのなんて久しぶりなんだもん」

と美恵子さんは息を弾ませる。

「みなさんも、踊ったほうがいいですよ。さっぱりしますよ。踊りなんて、なんだっていいんですから」

「じゃあ岡崎さん、今度はわたしと踊ってよ」

と高山さんに手を引っ張られた。

石田さんや入江さんほか数名も、一緒にミラーボールの下に出る。

「あなた、ジルバできる？」

「社交ダンスはやったことがないんで」

「なによ、添乗員なんだから、ダンスくらいはできなくちゃ」

「いい、こうするのよ」

高山さんに言われるままに、体を密着させて、ステップを教わりながら踊ることになる。

あとの面々は女性同士でダンスをしたり、それぞれ勝手に踊る。大戸さんの奥さんなどは、盆踊り風ではあるけれど、ふしぎと違和感はない。

石田さんが、ヨーロッパ人の男性からダンスパートナーを申し込まれて、キレのいいタンゴを披露する。

中高年の間では社交ダンスが流行《はや》っているのだ。

数曲踊ると、ぼくはかなり足と腰にきた。いつもは使っていない筋肉が悲鳴をあげたのである。それに引き替え、高山さんは涼しい顔をしている。

「なによ、ちょこっと踊ったくらいで。若いのにだらしないわね」

荒い息をするぼくに向かって、高山さんが余裕の笑みを浮かべる。

「だいたい岡崎さんって、意外とへなちょこなんだもん」

頰を紅潮させながら帰ってきた石田さんが、ここぞとばかりに会話に加わってきた。

「だって、昨日三井さんを捜しに行ったときだってさ。ミイラ取りがミイラになったと言うか、砂嵐の中で、自分が遭難しているようじゃ世話ないじゃない」

美恵子さんが隣で笑い声を圧《お》し殺している。

たしかにそうだ。

ブリザードのような砂嵐の中で、ぼくは自分がいったいどこにいるのかわからなくなり、一時間近くもあたりをさ迷っていた。元遊牧民のドライバーのひとりが見つけてくれたのでよかったけれど。

三井さんは、その間に、建物の陰でうずくまっているところをモハメットに助けられたのである。

「それはそうと、今回お粥《かゆ》はまだかしら？　そろそろ日本食が恋しくなってきたわね」

入江さんがオレンジジュースで喉《のど》を潤し、言ってきた。

「明日はついに新年かあ。お雑煮が出るんでしょ？　おそばもそのとき出すのよね？」

と高山さんが確認でもするように訊《き》く。

「だったら、ついでにお粥も出してくれないかしら。お雑煮やおそばはいつもちょっとずつだから、お粥があれば文句なし。パンも飽きたことだしさ」

「それ、名案よ！」

石田さんの提案に、高山さんが膝《ひざ》を打つ。

なるほど、Y旅行社の担当は、間違えてレトルトのお粥を入れたわけではなかったのだ。

生演奏が大音響で盛り上がりをみせる中、隣から隣へと話が受け渡されていく。

全員が、久々の日本食を期待しているのだろう。次々に、全員がうなずきながらぼくを見る。

「岡崎さん、お願いね」

みんなの意見を代表して高山さんが決めつけた。

これで明日は四時には起きなければならないだろう。

三日連続の睡眠不足は確定的である。

「踊るわよ」

とまたもや美恵子さんに誘われる。

　誘われるというよりも、強引に手を引っ張られて席を立つ。

「三井さん、モハメットと踊っているわよ」

　と美恵子さんが、ミラーボールの下を指差した。

　恋人同士みたいに楽しそうである。

　美恵子さんは、わざとらしく彼女たちの近くで踊った。

　三井さんが踊りながら、ぼくに話しかけてきた。

「アッラーの神様の思召《おぼしめ》し……間違えなくてよかったわ。彼ったら、とってもやさしいし、頼りになるし。なにも相手は日本人だけじゃないものね。わたしったら、どうかしてたわ。いままでのことはなかったことにして……」

　彼女はそれだけ言うと、ぼくのそばを離れた。

　モハメットが親指を立てると同時に、ぼくにウインクして見せる。

　無意味な嫉妬《しっと》が頭をもたげて、いっそのことマザコンだとばらしてやろうかとも思ったけれど、やめておく。

「どうだった?」

と美恵子さんが訊いてきた。

説明すると、

「そりゃ……そうよね」

と彼女は、ことさらじっくりとぼくの顔を見つめた。

生演奏が止む。

カウントダウンがはじまった。

「スリー、ツー、ワン、ハッピー・ニューイヤー！」

客はみんな跳び上がり、歓声とクラッカーの音が交錯する。

生演奏がふたたびはじまった。

高山さんたちが、示し合わせていたかのように、ぼくと美恵子さんに手を振ってホールをあとにする。

「じゃあ、ぼくもこのへんで」

とぼくは、美恵子さんのもとから逃亡をはかった。

「あなた、なに言ってるの。夜はこれからじゃない。付き合いなさいよ」

似た者夫婦とはよく言ったものである。

彼女はすでにできあがり、目が据わっていた。

美恵子さんはイケイケで踊りだす。

「アンハッピー・ニューイヤー」

と、ぼくは小声でつぶやいた。


ちなみに翌朝、ぼくは徹夜で四時には調理場にいた。

朝食の準備をするコックたちより、忙しく立ち働いて、湯を沸かし、雑煮用のすまし汁をこさえて、フライパンで餅《もち》を焼く。スープカップに麵《めん》つゆをついで、水で薄めてタレを作ると、あと二つの寸胴《ずんどう》でも湯を沸かし、パックのお粥を温めて、ソバを湯がいて水洗いした。

数人分ならたいしたことはないけれど、二十人分をひとりで作るとなったらたいへんである。

二時間半などあっという間に過ぎ去って、なんとかギリギリ朝食時間には間に合った。努力のかいあり好評だったが、憑物《つきもの》がすでに落ちたような客にとっては、あくまで当たり前のサービスだったのだろう。まったくアンケート結果には反映されることはなかった。

さらに三井さんが、予想以上の低評価を書いてくれたせいもあって、ぼくは日当が三千円も棒引きされた。

お粥などのサービスをするには、客が弱ったときこそ絶好機である。感謝される度合いが数段増す。

そういう意味では、ドゥーズでこそサービスすべきだったのだ。

Y旅行社の大名旅行は、難攻不落の要塞《ようさい》のようなものである。

陥落させるためには、風土だよりばかりではなく、風土を利用し、客の心をしっかりつかむことも必要だ。

それなのに、ぼくときたら、砂嵐の中で遭難していたのだからどうしようもない。

ツアー・ジャック（乗っ取り）

――ポルトガル編

輝ける人

会社の命令で海外へ赴任せざるをえない人はともかくも、自分の意志で、自分で金を出し、海外旅行にいく人たちは、だれもが生き生きとするものである。

ぼくから少し離れたところで話をしている二人の主婦もそんな人たちだ。

おかっぱ頭に大きめのサングラスをかけているのは神部《かんべ》清美《きよみ》さん、黒のパンツに黒のブラウス、黒いサングラスと、黒ずくめが印象的なのは吉田《よしだ》里子さんである。

二人とも五十代中ごろの年齢で、春先に小鳥が威勢よく鳴きだすみたいに、おしゃべりしている。

「旅って、ほんとに最高よね。なんと言っても、家事から解放されるのよ。もうそれだけでハッピーじゃない。今回はお邪魔虫がついているけど、まあ、仕方ないかなとも思うのよね。ある意味、重要な人だしさ」

「神部さん、そんなこと言っててだいじょうぶ？　うちのなんてね、おれさまが連れてきてやってるんだって威張っちゃって、たいへんなんだから。旅行に来てても、身の回りの世話はわたしがしないといけないし、帰ったら帰ったで、同好会の人たちを呼んで、ビデオ上映会なんて開くのよ。その時も、わたしが料理を作ったりして……。どうかしてるでしょ？」

そう話す吉田さんは、怒ったふうに話しているけど、顔はほころんでいる。

「でも、旅先はあなたが決めているんじゃないの？」

「よくわかるわねえ」

「だってご主人、見かけは亭主関白そのものだけど、やけにあなたのことを気にしてるでしょ。実はラブラブだったりしてさ」

「よしてよ。そんなんじゃないんだから。うちのがちょっと変わったのは、テレビで『熟年離婚』を観てからよ。内心焦っているのかも。来年には定年になるもんだから」

「あら、おたくもそうなの？　うちも来年定年よ。わたしたち、話が合うかもね」

ぼくは添乗員をするようになってから、やけに耳がよくなった。

いつも人の話に耳をそばだてているわけではないが、しぜんとスーッと聞こえてしまうのである。客の動向を無意識のうちに気にしてしまうのは、一種の職業病というか、クセになったのかもしれない。

この時、神部さんと吉田さんは、ぼくから五メートルくらい離れたところで話をしていた。

目の前にはテージョ川が広がり、大西洋が近いせいだろう、潮の匂いがかすかに届く。その大西洋のほうを見て建っているのが「発見のモニュメント」である。

帆船をモチーフにできあがった船首に立つのがエンリケ航海王子。大きな帆の両側には、王子に続いて天文学者や地理学者、宣教師などが希望に満ちた目を輝かせている。また、発見の旅から帰らぬ人となった男たちを想って涙する女性の姿もある。

すぐ近くの大理石が敷き詰められた広場には、世界地図が描かれ、ポルトガルが「発見」した年号が記されている。ちなみに日本は一五四一年、豊後《ぶんご》に漂着した年だ。

吉田さんのご主人が、ビデオカメラを覗《のぞ》きながら、テージョ川に背を向けて、モニュメントの下から世界地図のほうへと移動する。

正面には、ポルトガルが世界に栄華を誇った時代の遺産、ジェロニモス修道院が堂々と聳《そび》え建ち、背後の七つの丘には、オレンジ色の屋根が隙間なく広がっているのが見えた。

ツアーの参加人数は十五名とさほど多くない。

神部さんや吉田さんなど熟年カップルが六組と、大鳥珠枝《たまえ》さんに松本静江さんの姉妹、それに唯一の若手、二十八歳の山口令子さんである。

自由時間にもかかわらず、ばらけていた面々が、世界地図の周囲に集まっていっている。

発見。
夏の100冊
角川文庫
今月の新刊
www.kadokawa.co.jp/dis/
2006.7

「電池が切れるまで」の仲間たち
子ども病院物語

病気と闘いながらも前向きに生きる子どもたちと、家族、医師、教師たちの感動の実話！

420円

名作 日本の怪談
四谷怪談 牡丹灯籠 皿屋敷 乳房榎

きちんと知っておきたい、日本を代表する怪談を、ダイジェストで分かりやすく紹介。

580円

神崎京介
禁忌 タブー

四十歳にして、男は初めて突き上げる欲望を満たした！ 部下、友人の恋人、子供の担任教師…。囚われていた禁忌《タブー》を解放し、本能の疼きを満たす快楽へと――。待望の文庫オリジナル！

580円

古川日出男
アラビアの夜の種族 Ⅰ・Ⅱ・Ⅲ

迫り来るナポレオン、迎え撃つエジプトの秘策はただ一つ、読む者を破滅に導く『災厄の書』。新三島賞作家の原点、日本推理作家協会賞＆日本SF大賞W受賞の怪作、文庫化！

（Ⅰ）540円／（Ⅱ）（Ⅲ）660円

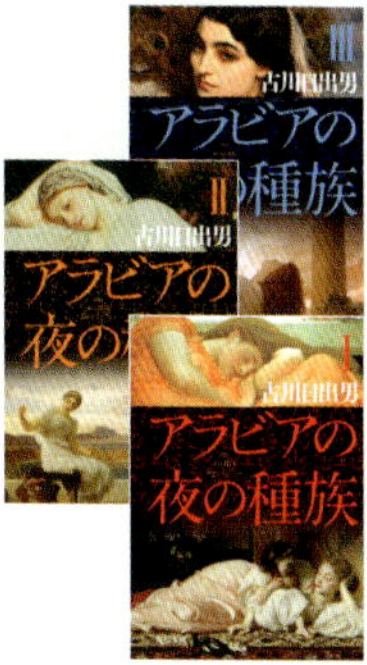

来月の新刊

赤川次郎
白鳥の逃亡者

阿刀田 高
黒い自画像

楡 周平
フェイク

宗田 理
ええじゃないか 17歳のチャレンジ

戸梶圭太
トカジノフ

佐竹一彦
駐在巡査

江波戸哲夫
会社葬送 山一證券 最後の株主総会

佐高 信
ニセ札はなぜ通用しないのか？

川又千秋
翼に日の丸 外伝 極光篇

ただのいぬ。
服部貴康＝写真／小山奈々子＝詩

銀色夏生
ものを作るということ

坂東眞砂子
満月の夜 古池で

筒井康隆
如菩薩団 ピカレスク短篇集

高橋克彦
眠らない少女
高橋克彦自薦短編集

ナンプレ5
中毒確実！！脳を鍛える数字パズル
ウェイン・グールド

水木しげる
墓場鬼太郎① 貸本まんが復刻版

角川海外文庫
純粋理性批判殺人事件 上・下
マイケル・グレゴリオ
羽田詩津子＝訳

角川ソフィア文庫
藤原定家の熊野御幸
神坂次郎

鬼平と出世 旗本たちの昇進競争
山本博文

8

都合により書名・発売日など変更される場合があります。

「あら？　なにかしら」

と川べりにいた神部さんたちも歩きだし、ぼくは彼女たちに引きずられるように、みんなのところに近づいた。

輪の中心、世界地図の前では、サングラスをした山口さんが、眩《まぶ》しそうに手で日を遮りながら話をしていた。

九月ともなれば、ほとんどのヨーロッパの国々で秋風が吹く。バカンスシーズンもおわりを告げて、まるで冬支度に向かうみたいに人々は職場に戻る。

でもここポルトガルでは、まだまだ夏の様相だ。トップレスの女性や半袖《はんそで》姿の人たちがいかにもゆっくり川岸を散歩している。バカンスシーズンがおわったことで、逆に観光客も少なくなって、街はほっと一息つけるみたいにのんびりしていた。

「ポルトガルが大西洋に出ていったのは、先ほど岡崎さんが説明してくれたように十五世紀の中ごろです。日本で応仁《おうにん》の乱が起こったころですね。バルトロメウ＝ディアスがアフリカ最南端の喜望峰に到達し、ヴァスコ＝ダ＝ガマがインド航路を発見、ガブラルはブラジルまで行く。インドのゴアを占領し、マレーシアのマラッカを制圧、セイロン島も手中に収める。すでにその頃、世界はスペインとポルトガルによって二分割されていました。インド洋から大西洋まではポルトガルの植民地、南北アメリカ大陸のほとんどと、太平洋を渡ってフィリピンまではスペインというように。ただ日本を『発見』したのはポルトガルだったので、しぜんと日本は、ポルトガルとの付き合いが深まっていく。種子島《たねがしま》に鉄砲がもたらされ、それからわずか六年後にはフランシスコ・ザビエルが来日しています。驚かされるのは、さらに四年後には、鹿児島生まれの日本人改宗者ベルナルドが、リスボンを訪れていることです」

ぼくが話そうと思っていたことを、山口さんはよどみなくしゃべり続けた。

「鉄砲の伝来が、日本に与えた影響はまぎれもなく大きかった。信長《のぶなが》が、その鉄砲を使って天下統一に邁進《まいしん》し、やがて秀吉《ひでよし》が天下統一を成し遂げる。ここまで五十年くらいしか経ってない。ポルトガル人が来日を禁止されたのは、一六三九年、三代将軍徳川家光《いえみつ》の時代です。鎖国令というやつですね。種子島に鉄砲が伝えられたのは一五四三年のことですから、正味百年弱の交流でしたが、鉄砲以外にもポルトガルからもたらされたものは大きかった。日本食の定番テンプラは、ポルトガル語のテンペロが起源ですし、パン、カステラ、ビスケット、カボチャ、ボタン、メリヤス、合羽《カッパ》、コップ、オルガン、ベランダ、ブランコ、カルタ、タバコとポルトガル語が日本語になった単語はたくさんあります。ピンからキリまでなんてよく使いますでしょう？　これもポルトガルから。ピンは点のことで、キリは十字架のことだと言われています。点とはまた、カルタの一の数字を表わし、十字架は十。転じて一から十まで。つまりは始めから終わりまで、最上等から最下等までを意味するようになりました。それにありがとう……これは、ポルトガル語のありがとう『オブリガード』が語源になっているとか。ためしにオブリガードと言ってみてください。ありがとうに似ているでしょ」

「オブリガード……ありがとう……オブリガード……ありがとう」

とほぼ全員が復唱している。

「へーッ！　なるほどねえ」

と神部さんのご主人、五郎さんだけでなく、全員から感嘆の声が伝わってくる。

「きみ、すばらしいじゃないか。ポルトガルに詳しいみたいだな」

と吉田さんが、ビデオから目を離して言った。

「いえ、そんな……」

と山口さんは、はにかみながらうつむいた。

「ありがとう」の語源が、ポルトガル語の「オブリガード」だったとは、ぼくも初耳である。「ありがとう」は「有り難く」の音便で、「有り難くございます」「有り難く存じます」の略されたかたちだったはずだが……。

「岡崎さん、次はジェロニモス修道院の見学ですよね」

と、山口さんが屈託のない表情で訊《き》いてきた。

「ええ、まあ……」

「時間はどれくらいなのかしら？」

「一時間くらいです」

「では、みなさん出発します。地下道を通りますから、お足元には気をつけて」

男性陣が、それぞれ奥さんたちから離れて、嬉々《きき》とした表情で山口さんについていく。まるで若さに誘われるみたいだ。

「岡崎さん、あの方、ガイドさんだったの？」

と大鳥さんが話し掛けてきた。

「いいえ……」

「じゃあどうして彼女、ガイドさんみたいなことをしているのかしら」

「……」

大鳥さんの妹、松本さんに訊かれても、ぼくは答えようがなかった。言われる以前に、ぼくもふしぎでならなかったからである。

ツアー客の中には、ときどき変な人がいて、やたらに解説したがる。でもそんな人は自己顕示欲が旺盛《おうせい》で、自分勝手と相場が決まっており、ほかの客に対しては傍若無人だった

りするものだ。

ところが山口さんは、地下道に下りる階段にまで気を配る。

「このツアー、現地のガイドさんがいないから、山口さんが気を利かせているのかしらねえ」

大鳥さんの言い分にも、一理あるかもしれないとぼくは思った。

なぜなら、予算の関係上、現地ガイドは帯同せずに、ぼくがガイドも兼任するかたちのツアーだったからである。

格安競争が激化する中、ヨーロッパのツアーでは、バスのドライバーがガイドを兼ねることもある。今回ドライバーのフェルナンデスも英語が達者で、ドライブしながらピンマイクに向かってしゃべり続けた。それをぼくは日本語に置き換えて、バスの中では案内したのだ。

このツアーを主催しているNトラベルでは、添乗員がガイドを兼ねるというやり方を、徐々に進めている最中である。それで値下げ合戦に勝とうというよりも、値段は据え置いたまま、ホテルのランクや食事の面でより充実させようと考えていた。

客の多くが中高年のリピーターで、旅慣れた人が増え、自分のことは自分でするから、内容をよりよくしてほしいという要望が強かったためらしい。

その分添乗員には負担がかかる。ただし、Nトラベルの日当は他社より断然いい。呼ばれる添乗員も、ある程度経験を積み、知識のある者たちばかりだ。その点が、英語もろくに話せない、若手の添乗員を使う格安ツアーとは大きな違いになっている。

最近では、添乗員の間で、Nトラベルで添乗すれば箔《はく》がつくと言われるくらいだ。

でもぼくの場合は、予定していた添乗員がインドで腸チフスに罹《かか》ったために、急遽《きゅうきょ》代役として呼ばれただけだった。

担当の主任が言うには、「頼むから、あまり大五流ではやらないでくださいよ。あくまでNトラベル流に、品よく、分をわきまえて、問題を起こさないよう……」ということである。

なんだかこれでは、いつもぼくが問題を起こしているみたいで癪《しゃく》にさわるが、本当のことなので、返す言葉も見つからなかった。

それにしても、わからないのは山口さんである。

いくら気を利かせてくれていると言っても、彼女も客だ。代金を支払って、ツアーに参加しているにすぎない。

なにが悲しくて、ガイドの真似をしているのだろう。

地下道からふたたび地上に出た。

インペリアル広場は整った庭園風になっており、中央で大噴水が空に向かって噴き上がる。ジェロニモス修道院の繊細なゴシックとアラベスクの模様がよく見える。

「スペインに行っても感じることですが、ポルトガルでも、イスラムの影響がここかしこに見えるものです。たとえばパティオ。中庭をぐるりと囲んで建物が建てられている。イスラムの旧市街にある家の造りと同じなんですね。アラベスク模様も、元はイスラムのものですし、実際イスラム勢力がポルトガルを支配していた時代も長かった。こんなことを言うと、ポルトガルの人に怒られるかもしれませんが、肌や髪の毛の色も、ヨーロッパ人よりアラブ人に近い気がしませんか」

道行く人たちは、褐色がかった人も多く、髪はかなりの確率で黒である。

「さあて、それではいよいよジェロニモス修道院に入ります。一辺が三百メートル、高さは三十五メートル、外観もさることながら、内部の回廊は、装飾がそれは見事です。もちろん世界遺産。今度は道を渡りますので、気をつけて。日本と違って、車は右側を走っていますから、まずは左を見てから右を見て、注意して横断してください。あ、そうそう。岡崎さん、バウチャーはあるかしら？」

バウチャーとは、現地の旅行会社が発行しているクーポン券のことである。入場に際しては、現金の代わりにこれを窓口に出せばいい。

「ありますよ」

とぼくは答えて、リュックの中からバウチャーの束を出し、ジェロニモス修道院のものを一枚切って、山口さんに手渡した。

「では、十一時半くらいまででいいかしら」

と山口さんは腕時計を見る。

「そうですね」

と半信半疑でぼくは答える。

バウチャーは、旅行業界の専門用語と言っていい。いかにもしぜんに「バウチャーあるかしら」なんて口に出るとは、単なる素人とも思えない。

Nトラベルの担当主任は、ぼくが添乗することをやけに心配していた。

まさかNトラベルが送り込んだ刺客ではあるまいな。でもそれならいったいなんの刺客だ。

頭がこんがらがってくる。

山口さんは、渡されたバウチャーを、旗を振るみたいに掲げながら、先頭を行く。

「この修道院は、後期ゴシック様式なんですが、華美な装飾が独自の進化を遂げたことから、当時のポルトガル王にちなんで、マヌエル様式と言われるようになりました。ステキでしょ？　ワクワクするとは思いませんか？」

そう解説する彼女の顔は、ほかのだれよりも、そして「発見のモニュメント」の彫刻よりも、光り輝いているようにぼくには見えた。

アルファマの人たち

重厚な石造りの建物が軒を連ねる。広場にはオベリスクが立ち、年代物の教会がそこかしこに顔を出す。騎馬像や凱旋門《がいせんもん》が堂々と聳《そび》え、アズレージョスと呼ばれるブルータイルが街を彩る。

古びた黄色い路面電車が、ほんの狭い坂道を音を立てながら走り抜け、通る車も新車は少ない。噴水のまわりには花屋が並び、昔ながらの市場では、うずたかく積み上げられた野菜の箱の間を、エプロン姿の女性たちが動き回っていた。

リスボンの旧市街は、時間が止まってしまったかのようなところだ。

それがアルファマ地区に入ってくると一層感じられるものである。

第一車が走っていない。このあたりは堅い岩盤の上に作られたため、一七五五年の大地震にびくともしなかった。おかげで中世のままなのである。

迷路のような坂道と階段が入り組んでいる。頭の上には洗濯物が翻り、間口の狭い玄関先には、涼を求めて老婆が椅子に座る。ちょっとした広場では、こどもたちがサッカーボールを蹴《け》っている。魚屋が露店を出し、午前中であらかた売り尽くしたのだろう、主人は頬杖《ほおづえ》をついて昼寝していた。行き交う女性たちが立ち話に夢中になっているかと思えば、肩を組んだ二人の男の子が、ぼくたちを遠巻きに眺めながら、内緒話をしている。

そんな光景は、古きよきヨーロッパそのものである。

どことなく哀愁が漂う。人々は、スペイン人のように気軽に声を掛けてきたりはしない。あくまで遠慮がちに笑みを浮かべる。

「いいわよね、こういう雰囲気。車は通らないし、みんなのんびりしていてさ」

「情熱とアミーゴの国スペインに、サウダーデ……懐かしさ、郷愁、思い出のポルトガルか。時代にとり残されるのも、悪くないかも」

神部さんと吉田さんが、そう話しながら階段をゆっくり下りていく。

「なんだか申し訳ないわね。年寄りには、登りよりも下りのほうがきついもんだから。三年前に膝《ひざ》を痛めてからは、とくにいけない。よっこらせと」

大鳥さんが足元をたしかめながら歩みを進める。

ぼくは、彼女の脇に腕を差し込む恰好《かっこう》で歩調を合わせた。

「もう少し時間をかけて歩いてくれればいいものを……」

と姉と肩を並べて歩く松本さんが、口を尖《とが》らせる。

先頭を歩く山口さんは、すでに五十メートルも下のほうを行っているのだ。

この日、ぼくたちは午後から、まずはバスでサン・ジョルジュ城まで上がり、その後アルファマ地区の坂道を下りながら観光していた。

観光と言っても、見るべきものはとくにない。生活臭の漂う路地を歩くだけである。

でも、この町歩きこそ、リスボンのハイライトだとぼくは思った。

なぜなら、こんな界隈《かいわい》は、ヨーロッパでもなかなかお目にかかれないからである。あっち、こっちを寄り道しながら、できれば住んでいる人たちに声のひとつでも掛けてみたい。

ポルトガルの人たちは、もちろんポルトガル語を話しているが、中にはヨーロッパ各地に出稼ぎに行っていた人も多いため、意外に英語が通じたりするものなのである。

「いいお天気ですね」

「ほんとにいいお天気で。どちらから?」

「日本からです」

「また遠くからよくおいでなすった」

こちらから懐に飛び込めば、きっとだれもが気さくに答えてくれるはずである。見知らぬ異邦人との間にも距離を持たないスペイン人とは対照的に、ポルトガルでは、奥床しさみたいな距離感がはっきりとある。でもいったん打ち解けたなら、ほんわかとした気分にさせてくれるのだ。

ただいかんせん、昼食をとったレストランのサービスが遅かった。予定時間を一時間半もオーバーし、行程は押せ押せである。

大鳥さんの膝が悪いことに気がついたのも、坂道を下りてからのことだった。そこでぼくは、先頭を山口さんにまかせて、最後部から大鳥さんに手を貸しながら歩くことになった。

ぼくがよくなかったのは、山口さんに事情を説明したときに、訊《き》かれるままに、予定の時間を教えてしまったことである。

この夜はレストランでファドを聴くことになっていた。ファドとは日本の演歌にも似た、哀切のたっぷりこもった歌だ。レストランに入る時間はずらせない。

そこで山口さんは、きっと焦り気味なのである。

遅れたら遅れたでどうにかなるのがツアーだし、時間にルーズなポルトガルで、そうそう時間どおりにファドがはじまるとも思えない。でもぼくは、そこまで彼女に説明しなかった。

だからこそ山口さんは、時間に間に合わせようとしているにちがいない。

「オーッ、そうですか！」

と路地の片隅で神部さんが、大仰に両手を挙げていた。

頭から黒いスカーフをかぶった地元の女性と話をしているようである。

「岡崎さん、よくわかんないんだけど、彼女の娘さんがね、四国の徳島の大学に留学しているらしいのよ」

と吉田さんが、遅れてきたぼくを手招きする。

「山口さんの話では、徳島は、ポルトガルと縁が深かったのよね」

明治時代に神戸で総領事をつとめたヴェンセスラウ・デ・モラエスは、徳島出身の芸者福本ヨネと恋に落ち、やがて徳島に住み着き、数々の小説を書いた人物である。亡くなったのも徳島だ。そんなことから、北部のレイリア市と徳島市は姉妹都市である。

またビィラ・ド・ビスポ市と種子島の西之表市、ワインで有名なポルト市は長崎市と、シントラ市は長崎の大村市と、アベイロ市は大分市と、熱海《あたみ》市はリゾートのカスカイス市と、焼き物で有名な滋賀県の信楽《しがらき》町は、ヴィアナ・ド・カステロ市とそれぞれ姉妹都市関係にある。

ヨーロッパの最西端ポルトガルは、ふつう日本人の気持ちからは遠い国だけど、山口さんはこうした事例を話すことで、客の気持ちをポルトガルに近づけてくれていた。

「通訳してよ。岡崎さん！」

と神部さんが、ダダッ子みたいに体を揺する。

神部さんや吉田さんと同年代くらいだろう、その女性は、神部さんの二倍もありそうなくらいにでっぷりとした体付きで、鼻の下にはうっすらと髭《ひげ》が生えていた。あまり剃《そ》らない習慣らしい。

その彼女が片言の英語で話すには、なんでも一人娘が日本に行ってから二年近くが経つ。最近は日本人の恋人ができ、もしかしたら結婚するかもしれないと言うことだ。

ぼくの通訳に、

「オーッ！」

と神部さんが体をのけぞらせた。

「わたしの娘もね、ニューヨークに留学をして、いまじゃアメリカ人と結婚して、すっかりヤンキー娘になっちゃってね」

ぼくが英語で話すところを、神部さんはしきりに「ヤンキーって、言ってよね」と口をはさむ。

「オーッ！」

と今度は、太った彼女が両手を広げた。

「いまどきね、世界は狭くなっちゃったのよ。でも日本からニューヨークまでは十三時間近くもかかるでしょ。孫の顔を見るのもひと苦労。ところでポルトガルからニューヨークまではどれくらい？」

「それを訊くなら、ポルトガルから日本までの時間じゃなくって？」

吉田さんの言い分はもっともだけど、それなら訊かなくてもわかるはずである。直行便がないから、来るまでに十七時間くらいはかかった。

「いいから訊いて！」

と神部さんが真剣な眼差《まなざ》しでぼくを見る。

仕方なく訊いてみる。

すると彼女は、ニューヨークは行ったことがないので知らないみたいだ。

困った彼女を見兼ねてか、あるいはきっかけを待っていたのか、近所の人たちが集まってくる。

「たぶん、八時間くらいだと思う」

ハンチングをかぶった中年男性が、腰に手をあて自信ありげに言った。

「八時間か……なるほどね」

　と神部さんは、なにを考えているのか深くうなずいている。

「それはそうと、今晩うちにいらっしゃいな。夕食でも」

　と太った彼女は、ぼくたち五人を見回す。

　すでにぼくたちの周囲には人垣ができていた。

「日本の話を聞きたいの。それに娘は日本の人たちにとってもよくしてもらっているの。恩返しってわけじゃないけど、夕飯くらい……」

　控えめな感じで彼女は申し出た。

「エエッ？　行きたいのは山々なんだけど……」

　ぼくを見つめる神部さんの背後で、もくもくと煙が上がりはじめる。

「ああ、いい匂い」

　と大鳥さんが鼻を鳴らした。

「サルディーニャ！」

　とサッカーボールを抱えた少年が煙のほうを指差した。

　つまりは軒先でイワシを焼いているのだ。

　杖《つえ》で体を支えた老婆が、ぼくたちのほうに温かい眼差しを送っている。

「うちのおばあちゃんなの。イワシでよければ。ワインもあるし」

近所の人たちもみな、大きくかぶりを振っている。

「うちは今日はバカリャウよ」

「スパゲティ！」

「アサリが安かった」

と女性たちが次々に言う。

バカリャウとは、干しタラのことである。これのテンプラはかなりの美味だ。アサリは塩ゆでするか、トマトで煮込むのだろうか。

ともかく、この分ならば、近所の人たちも集まってきて大宴会でも開かれそうな様相である。

「アーン、どうしよう？」

と神部さんは体をくねらせる。

「いいなあ。ファドよりこっちのほうが断然いいよね」

と吉田さんは乗り気になっている。

「ご招待とあっては、なにか持っていかないと」

と大鳥さんと松本さんは、頭を近づけあって相談をする。

その時、山口さんが息急《いきせ》き切って階段を駆け上がってきた。

「岡崎さん、なにやってるんですか。時間はだいじょうぶなんですか？　もう六時を過ぎてます。みなさんも早くしていただかないと。ご主人さまたちが下で待ってます」

まだ明るかったので、ぼくはうかつにものんびりしすぎてしまったようだ。

「ちょっと待ってくださいよ」

とそれでもぼくは、山口さんを制するように言った。

一分や二分くらいはどうってことがない。

「ダメです！」

と山口さんは目を吊《つ》り上げている。

「添乗員の仕事の第一は時間厳守のはずでしょ。岡崎さんがルーズでいたら、それがお客さまにも伝播《でんぱ》して、団体行動ができなくなるんです。そうじゃないんですか。研修でみっちり教わったはずなのに」

彼女の意見はしごくもっともである。

ぼくは頭《こうべ》を垂れた。

でもどうしてまた、山口さんは研修のことまで知っているのか？

「さ、早く。神部さん、吉田さん」

神部さんと吉田さんは、山口さんに急かされて、未練たっぷりぼくのほうに顔を向けながら、連れ去られるみたいに階段を歩きだす。

「すぐ行きますから」

とぼくは山口さんの背中に声を掛けると、太った女性に事情を話し、リスボンに帰ってきてから、あらためて遊びに来ますとだけ伝えた。

「ねえ、あの人、ガイドさんでも添乗員さんでもないのに、あの言い方って、おかしいでしょ！」

と松本さんは、忿懣《ふんまん》やるかたないといった調子だ。

「静江、言い過ぎよ」

と姉である大鳥さんにたしなめられる。

「でもお姉さん……」

「だって、わたしの膝《ひざ》が悪いから、こういうことになったんだから。山口さんで、きっと考えて協力してくださすっているのよ」

大鳥さんに言われると、松本さんはとたんにしゅんとなる。

「今日は残念でしたけど、ほんとにいらしてくださいね」

と太った彼女が念を押す。

ぼくは日程表を確認し、帰国する前日の午後にうかがうことを約束した。

老婆が杖をつきながら階段を上ってきている。

太った彼女になにやら話すと、おもむろに、大島さんに杖を差し出した。

「おばあさんが、これ使ってくださいって」

「いいえ、そんな……」

と大島さんは両手を広げて遠慮する。

でも結局、杖を持たされた。ずいぶん堅そうな木でできている。

杖を手に持ち、大島さんはやや速く歩けるようになる。

ぼくたちは何度も振り返り、みんなに向かって手を振った。

ツアー・ジャック（乗っ取り）

ぼくは何度も山口さんの言葉を反芻《はんすう》しては、イヤな気持ちになっていた。

「添乗員の仕事の第一は……」というやつである。

それというのも、同じことを添乗員になる前、研修で教官から散々言われたのだ。

添乗員になるためには、添乗員の派遣会社あるいは旅行会社で、一定期間研修を受け、さらにそれから四日間、資格試験のための研修を受けることになっている。その後三日間にわたる試験があり、合格すれば『旅程管理業務を行う主任者証（一般）』が交付される。これが添乗員資格というものである。

ただし資格は、一般と国内とに分かれ、一般は国内外いずれの添乗もできるが、国内は国内のツアーでしか添乗できない。

四日間の研修の間、ぼくは教官から目を付けられていた。

たぶん教官の目には、いまと同様、ぼくは生意気なやつだと映ったにちがいない。

「添乗員のもっとも大切な仕事のひとつは？」

と質問されて、ぼくはかならず、

「旅行を楽しむことです」

と答えていた。

「そうじゃないだろう。何回言えばわかるんだ。時間厳守、いいか。時間厳守だ。添乗員が時間を守れなかったら、お客さまも時間を守らなくなる。すると団体行動に支障が生じる。それともうひとつ、絶対に客を積み残ししないこと。わかったな」

「ハイ、わかりました」

渋々返事したぼくに、教官はこう言ったものである。

「おまえみたいなやつが積み残しをしがちなんだよ。基本はしっかり押さえておくこと。いいか、積み残しをするような添乗員は、自ら潔く引退をしろ。旅行会社にとって、そんな添乗員は迷惑以外のなにものでもないからな」

幸いぼくは、いまだに積み残しはしたことがない。

おかげで添乗員をやっていられる。ちなみに積み残しとは、客を置いていってしまうことである。

ただ、一度だけ、こんなことがあった。スイスでだ。

客を列車に乗せて、プラットホームで煙草を吸っていたら、急にドアが閉まって列車が発車してしまったのである。おかげでぼくは……積み残された。

ヨーロッパの鉄道は、どこでもたいがい日本みたいにベルを鳴らさないし、うるさいほどのアナウンスもない。定刻になったなら、いたって静かに発車する。

「それでどうなったんだよ？」

とドライバーのフェルナンデスが、嬉々《きき》とした表情で訊《き》いてくる。

本人には深刻な失敗でも、第三者には笑えるものらしい。

「駅長室に飛び込んで、事情を話し、その列車の車掌と連絡を取ってもらったんだ。客に心配しないように伝えてくれって」

「でも言葉はどうしたんだ？　客はしゃべれないだろう？」

「幸い片言の英語くらいはしゃべれる客がいてね。なんとか話は通じたみたい」

「で？」

「次の列車で追いかけた。車掌のおかげで、客も予定の駅で下車できたから、よかったよ」

「客は怒っただろう？」

「怒ったというより、呆れてた。バッカじゃないかって。客を置いていくなら、まだありえる話だけれど、客に置いてけぼりをくらった添乗員なんてはじめてだって」

ぼくたちは、リスボンから内陸のエヴォラ、エストレモスを通って、スペイン国境にほど近いエルヴァスまで進んできていた。

ローマ時代の遺産が残るエヴォラ、城壁に囲まれ、白い壁とオレンジ色の屋根が絵のようなエストレモスと、いずれものんびりできたものである。

観光化は進んでいないが、町は美しく保たれており、さすがにヨーロッパ最後の田舎と言われるだけのことはあった。

フェルナンデスは、笑い声をかみ殺してワインを喉《のど》に流し込む。

「ダイゴって、ほんとにできがいいんだか、悪いんだか……。でもやっぱりできが悪いんだろうな」

そう言って、ひとりでウケている。

テーブルには、オリーブの酢漬けや生ハムメロン、オイルサーディン、焼きピーマンのオリーブオイル漬け、ナスのたたきに自家製ソーセージが所狭しと並べられていた。

前菜でこれだけ出されるのだから、評判がいいのもうなずける。

ポルトガルの国営ホテル、ポウサーダは、多くが昔の城や貴族の館、修道院などを改装して使われている。エストレモスで泊まったサンタ・イザベルのポウサーダは、かつて王宮として使われていたところで、かのヴァスコ＝ダ＝ガマも訪れたことがあるそうだ。

いずれのポウサーダでもレストランには力を入れており、ことにエルヴァスのポウサーダでは、建物が新しい分、料理が傑出しているとの話であった。

泊まり客がぼくたちのグループしかいないのに、レストランが満席なのは、スペインから食事するためだけに客が来ているせいらしい。

どの席からも、幸せそうな笑い声が聞こえた。

とくにぼくの隣のテーブルの、山口さんたちの席は楽しそうだった。

山口さんのほかに、神部さんと吉田さんが、奥さんから離れて同席している。

「もし仮に、あなたが本当の添乗員だったらよかったのになあ」

と神部さんは鼻の下をおおいに伸ばす。

「本職の添乗員でも、君ほど気が利いて、なおかつ現地の事情に精通した人は少ないんじゃないか。岡崎くんもそこそこはやるみたいだが、Nトラベルにはめずらしく、野蛮人みたいな顔をしているし、すべてにおいて大雑把だからなあ。美人で繊細な君の足元にも及ばない」

と吉田さんは、食事中にもかかわらず、ビデオカメラを手に取って、山口さんを撮影しはじめる。

「ズーム、イン！」

「あら恥ずかしいわ。そんなもう大胆なんだから」

と山口さんは、ビデオカメラを向けられて、頬をピンク色に染めている。

「山口さん、あなた、飲めるくちだね。もうワインがなくなってるよ。ほら、どうぞもう一杯。どんどん飲んでよ。ここはわたしたちの奢りなんだから、気にすることはない。イッテイッテ」

「でもあんまり飲むと酔っ払っちゃうでしょ。そんなに飲ませてどうなさるおつもり？わたし豹《ひょう》になっちゃうかもよ」

「豹って、どんな豹？　ガオーッ！」

と神部さんが、両手で豹の爪みたいな仕種《しぐさ》をした。

（まったくなにがズームインだよ。ガオーッって、飲み屋で呑《の》んだくれるおやじそのものだ）

ぼくは心の中だけで、悪態をつく。

なんだか悪酔いしそうな夜だった。

「ダイゴ、もう一本頼むか？」

とフェルナンデスが空瓶を掲げてみせる。

ぼくは彼を睨《にら》みつつ、無言でうなずく。

「どうしたんだよ、そんな恐い顔をして」

とフェルナンデスは、ウエイターを呼ぶと同時に、ぼくを見ていぶかしがった。

山口さんたちの会話がしぜんと耳に入ってくるから困るのである。

ただでさえ、研修時代のことが頭をよぎってイヤな気持ちになっていたのに、さらに頭を叩かれているようなものなのだ。

ぼくが説明すると、フェルナンデスは赤らんだ顔で機嫌よさそうに言う。

「でもいいじゃないか。みなさん、旅行を満喫してるんだからさ。それにポウサーダの料理はどこでもうまい。たぶんここが最高だろうがね。そんな仏頂面をしていたんでは、せっかくの食事がまずくなるってもんだろう?」

ボーイが新しいワインを持ってきた。ポルトガルではめずらしく、サービスもいたってスムーズだ。

フェルナンデスはグラスに注がれた赤ワインを軽く回し、香りをたしかめ、味見する。ウエイターに向かってうなずいた。

コルクがテーブルの上に置かれる。

「まあ、飲め飲め」

とフェルナンデスが、ぼくのグラスにたっぷりワインを注いだ。

この日のメインディッシュは、コエーリョ・アカサドーラだ。ウサギの腹に野菜を入れて赤ワインで煮込んだものである。

肉が新鮮だからだろうか、臭みもまったくなく、淡泊な肉の味わいにソースがしっかり絡み合って美味だった。

デザートは、ポルトガル特産のアーモンドを使ったタルト。鼻に抜けるアーモンドの香りが爽《さわ》やかだ。それに濃厚なコーヒーが付いてくる。

食事がおわると、酔いが回って、ぼくはすっかり気分がよくなっていた。

なんだか毎日この調子である。

ポウサーダの食事はどこでもうまいが、レストランも素朴でよかった。

山口さんが完璧《かんぺき》なガイディングをこなしてくれる。その分ぼくは、まるで研修のときの教官に、小言を言われているような気分になって落ち込む。そこをおいしい食事に救われるといった按配《あんばい》なのだ。

意外に知られていないけど、ポルトガル料理は、ヨーロッパではもっとも日本人の口に合う。もしかしたら、イタリア料理よりも上かもしれない。次いでベルギーあたりだろうか。定評のあるフランス料理は、一日や二日ならまだしも、何日も続くと胃にもたれる。

ぼくはほろ酔い気分で席を立った。

食事がおわって、そわそわしだす客がいたからである。みんなのテーブルを回ってあいさつするのだ。

はじめに隣の山口さんたちのテーブルに行く。すると神部さんが、

「岡崎くん、山口さんはガイドとしてもいい線をいっていると思うが、添乗員としてもできるんじゃないかと思うけど、どうだい？」

と訊《き》いてきた。

「なんだったら、明日からバスの中でも彼女にガイドしてもらったら？　英語は問題ないみたいだし、その他、部屋割りなんかも」

「そりゃいいね」

神部さんと吉田さんは、勝手なことを言ってくれる。

山口さんも、まんざらでもなさそうな顔である。

ぼくはせっかくの料理が、消化不良を起こしているような気分になった。

それでもほかのテーブルも回って、ことさら笑顔であいさつをする。

「おやすみなさい」

「じゃあまた明日」

とみんな満足そうな表情で席を立ち、レストランから出ていった。

最後のテーブルは、神部さんと吉田さんの奥さんに、大島さんたちである。

ぼくからもっとも遠いところに座っていた彼女たちは、唯一険しい顔をして、ぼくを待ってくれていた。

「あの人、いったいどういうつもりなの?」

「岡崎さん、添乗員はあなたなんだから、しっかりしてくれなきゃダメじゃない」

神部さんと吉田さんが、口々に不満を漏らす。

「リスボンでもそうだった。あれからずっと、山口さんの言いなりでしょ」

と松本さんも声を荒らげる。

「うちの主人、なんて言ったか知ってる？　やっぱり畳と女房は新しいほうがいいって言ったのよ。さっきここを通り過ぎたとき。悔しいったらありゃしない」

　と吉田さんは涙目になっている。

「一発ガツンと言わせるべきよ。あと何年かすれば、年金も夫と妻と別々の支給になるって言うしね」

「いまに思い知らせてやるわ。結婚してからずっと我慢してきたの。だれのおかげで食えてると思ってるんだ？……何百回この台詞《せりふ》を聞かされてきたことか。そうよ。年金さえ手に入れれば、こっちのものよね」

　神部さんにあおられるかたちで、吉田さんは息巻いた。

「ちょっとワインの飲みすぎじゃない？」

　と大島さんが、興奮した炎を鎮火しようとつとめるが、まったく用をなさない。

　妹の松本さんが、せっせと火に油を注ぐのだ。

「あの顔は、熟年離婚を心配するより、失楽園って感じだったわよ。ほんとに男はどうしようもない。岡崎さん、あなただって、そう思うでしょ？　添乗員の立場を乗っ取られて、悔しくないの？　悔しいはずよ。わたしにはわかってるんだから」

　フェルナンデスが千鳥足で近づいてくる。

「いったい、どうしたんだ？」

と三人の顔を見回して、彼はぼくに訊《たず》ねる。

「なるほど、ツアー・ジャックか、言えてるな」

とフェルナンデスは、両手を組んでうなずいた。

「ツアー・ジャックに遭うなんて、聞いたことがない。さすがはダイゴだ。積み残されるだけのことはある」

ぼくはあえて、最後の部分は省略して日本語に置き換えた。

すると三人は気勢をあげる。

「ツアー・ジャックなんて、断固許さない。わたしたちは闘うぞ！」

三人の女闘士を前に、ぼくは言うべき言葉を失っていた。

消えた荷物

神部さんと吉田さんのご主人は、かなり強引な手法を使って、バスの車内で山口さんの手にマイクを握らせた。

マイクは、添乗員、あるいはガイドの命と言える。マイクを握っているからこそ、ツアーを掌握できるのだ。奪われたんでは、仕事にならない。

それがエストレモスのポウサーダを出発する日の朝だった。神部さんと吉田さんが、ほぼ全員から署名をもらったのである。

ホテルの便箋《びんせん》には、手書きでこんな文章が記されていた。

ここに山口令子氏をポルトガル・ツアーの添乗員兼ガイドとして任命いたします。
ついては岡崎大五氏は、全面的に山口令子氏のサポートに徹すること。
上記に関して、わたくしどもはNトラベルに対して、全責任を負うことを誓います。

簡単な文面だけれど、押さえるべきところは押さえてあった。

神部さんは銀行マンだし、吉田さんは役人だ。

こういった文章を作り慣れているのだろう。

添乗員やガイドを決めるのはNトラベルの専権事項のはずだが、客の多数意見をもって、自分たちの責任で、山口さんにその役割を与えたのである。

つまりはぼくは添乗員を罷免され、代わりに山口さんのアシスタントに成り下がったのだ。

でもなにかが起これば、日本のNトラベルに連絡しなければならないわけで、そんな時には、ぼくが必要だということである。

「まったくツアー中に、客からクビの宣告を受ける添乗員なんて、はじめて見たよ。よーくその顔を見せてくれ」

客のスーツケースをバスに運び入れながら、フェルナンデスはいかにも愉快な出来事みたいに茶化してくれる。

署名しなかった神部さんや吉田さんの奥さん、それに松本さんは、なかなかバスに乗り込もうとはしなかった。

「どうも様子が変だと思っていたら、とんでもないことを企《たくら》んでいたのよ。うちのとおたくのご主人は」

「らしいわね。でもわたしは絶対認めない。こういうのを民主主義の横暴って言うんでしょ。覚えてらっしゃい。今度署名するときは、離婚届になるんだからね。笑っていられるのもいまのうちだけよ」

「吉田さん、それはちょっと言い過ぎじゃないかしら」

神部さんと吉田さんが鼻息を荒くしている中に、杖をついた大鳥さんが顔を出す。

「離婚だなんて、よくよく考えないと……」

「お姉ちゃんは黙ってて。だってせっかくの熟年旅行なのに、妻を大事にしない夫なんて、どう考えてもおかしいわ」

たしかに松本さんの意見にも一理ある。

ほかの夫婦の人たちは、みんな仲睦《なかむつ》まじく一緒にいるのだ。

それなのに、神部さんと吉田さんのご主人は、ツアーの最初のころから、山口さんにべったりなのである。

「ま、いいわ。こうなったら、彼女がどこまでできるかお手並み拝見といこうじゃないの」

と神部さんが話をまとめた。

直情型の吉田さんに対して、神部さんは、懐が深いと言うか、話す内容とはべつの次元でなにか考えているようなところがあった。

その日から、フェルナンデスの後ろの座席は、山口さん専用になり、かならず彼女の後ろには神部さんと吉田さんのご主人が居座った。

奥さん二人は、まるでご主人たちと対峙《たいじ》するみたいに、通路を挟んで隣に座る。

ぼくは彼女たちの前である。

山口さんの声がマイクに乗った。

あたりには緑豊かな丘陵地帯が広がっている。

「もうまもなくポルトに到着します。ポルトと言えば、ポルトガルという国名の発祥の地。そしてポートワインが有名ですね。日本にはじめてワインがもたらされたのも、ポルトガルからだったんですよ。ポルトの街を東西に流れるドロウ川沿いにはワイン畑が広がってます。ここで収穫されたものが、ポルトに集められ、樽《たる》に寝かされ、やがては瓶詰めされて出荷されるのです。中でも緑のワインと呼ばれるヴィニョ・ヴェルデは、軽く発泡し、一般にアルコール度数が低く、甘口なために飲みやすい。世界でも有名なワインのひとつになってます。着いたらまずは、街の中心部を歩いて観光し、ワインレストランでの昼食となります」

マイクを握るようになってから三日間、山口さんは、すっかりガイド兼添乗員になりきっていた。

折に触れてフェルナンデスに質問し、返ってきた英語の解説を、彼女流に訳して客に話す。車窓の眺めがいいときはラジオやCDを流して、客の耳を楽しませていた。

ホテルにチェックインすると、部屋から見える景色なども考慮に入れて、不平等がないよう部屋割りにつとめ、レストランのメニューをぼくから確認しては、客の反応を見ながら、肉から魚に変更したりもしたのである。

膝《ひざ》の悪い大鳥さんのことを気遣って、歩いて散策するときはかなりゆっくりになり、また早朝には、爽《さわ》やかな空気を吸いに行きましょうと客を散歩に誘った。夜は夜で、バーで客と付き合っていた。

ぼくは当初から、薄々とではあったけど、彼女は素人とは思えないと感じていた。バウチャーガイディングはうまいし、添乗員のイロハの「イ」もちゃんと心得ている。のことがすっと口から出てきたのは驚きだったし、添乗員になるために研修が必要なことも知っていたようである。

ただ、神部さんと吉田さんのご主人に気を取られるあまり、奥さんたちから非難されるのは、明らかなミスだった。客がカップルの場合、男性添乗員は男性に、女性添乗員は女性のほうに接するようにするべきなのだ。

そこだけが唯一のマイナス点で、あとは完璧《かんぺき》である。

もしかしたら彼女は、元添乗員なのかもしれない。

だったら、はじめからそうと言ってくれればいいのに、山口さんはなにも語ろうとはしなかった。ひたすら無償の業務に邁進《まいしん》するのだ。

解せないのは、もしぼくが客としてツアーに参加したなら、わざわざ添乗員のような真似はしないだろうということである。

彼女のきれいな声を聞きながら、ぼくはあらためて最初の疑問……なにが悲しくて添乗員やガイドの真似なんかしているのか……ということに突き当たる。

加えて、奥さんたちの不機嫌を承知の上で、山口さんに肩入れする神部さんと吉田さんの気持ちもわからなかった。

二人の山口さんを見守る眼差《まなざ》しは、ただのスケベおやじのものだけでなく、時に慈愛にも似た温かさを見せていたのだ。

ポルトの街は、オレンジ色のレンガ屋根がびっしりと敷き詰められて、細い路地が行き交っていた。

リスボン以上にごちゃごちゃとした印象だ。

古色蒼然《そうぜん》とした石造りの建物に、ドアや壁だけ真新しい赤やクリーム色のペンキが塗られる。とくに川をはさんだワイン倉庫街は、時代が流れてしまったかのような物悲しさを漂わせていた。

「ヨーロッパでは、ポルトガル人はわかりにくい民族だと思われているそうです。でも日本人には親しみやすい。徳島で暮らした作家モラエスは、ポルトガル人には日本人の気持ちがわかる。日本人にもポルトガル人の気持ちに近いものがあると語っています。ポルトガル各地を歩いていると、日本人の美学、侘寂《わびさび》が身近に感じられます。決して強く自己を主張しない美しさ、控えめのゆかしさが、あらためて胸に沁《し》みてくるようです」

車内は静寂に包まれる。

だれもが思い当ることとなのだろう。そのあたりの気分を山口さんは、上手に解説していた。しかし、いっとき間を置いて、空気を破るような声が響いた。

ぼくの後ろの座席に座る吉田さんからのものである。

「なに言ってるのよ。自分は自己主張して、このツアーをジャックしたんじゃないの」

すかさず通路を挟んだ隣の席から、ご主人が声を飛ばした。

「よさないか。なにがジャックと豆の木だ。おまえはほんとにわからないことを言う」

「ジャックと豆の木だなんて、だれが言いました？　わたしが言ったのは、あくまでジャックよ」

「ジャックだろうが、コックだろうが知ったことか」

「コックなんて、言ってません」

激しく言い合う吉田夫妻の喧嘩《けんか》は、どこか漫才じみている。

「まあまあ奥さん、そう興奮しないで」

と、神部さんのご主人が仲裁に入った。

「あなた、なにかわたしに隠し事をしているでしょう？　わたしにはわかるのよ。何年連れ添ってきたと思っているの。いつだって、回りくどいやり方をするんだもんね」

神部さんの奥さんが、目を細めて静かに反撃に出る。

「な、な、なに言ってるんだ。それを言うなら、おまえだってな……」

「おまえだって、なによ」

「もういい！」

と神部さんのご主人は黙りこくった。

「神部さん、吉田さん、やっぱりわたし……」

と山口さんが後ろを振り向いて、力のない声で言う。

「いいから、わたしたちにまかせておくんだ」

「そうだ、君はなんにも悪くないんだからな」

神部さんと吉田さんが、山口さんを制する。

バスが街の中心地に止まった。

「到着ですよ。ここには長く駐車できないですから、気をつけて、すみやかに降りてください」

とフェルナンデスが英語で言った。

山口さんが気を取り直したように、日本語に置き換える。

二組の熟年夫婦のバトルは、いったん休戦となる。

こんな事態が急展開したのは翌日のことだった。

ポルト郊外の高級ホテルを出発すべく、ぼくは全員のチェックアウトがすんだことをフロントデスクで確認し、玄関先に向かった。

すると山口さんが、真っ青な顔でこう言った。

「わたしたちの荷物が消えているんです」

「荷物が？　そんなわけはないでしょう。だって、バスの横にちゃんと並んでいるじゃないですか」

「あれ、……わたしたちの荷物じゃないんです」

「だったら、だれの荷物なんですか？」

きれいに並べられたスーツケースのそばで、神部さんと吉田さんの奥さん、それに松本さんが仁王立ちしていた。

荷物を追え！

客は朝、決められた時刻までにスーツケースを部屋の外に出す。ホテルのポーターがそれらを集めて、玄関先に並べる。

チェックインした際に、ルームナンバーを書き込んだ名簿をポーターに渡しているから、高級ホテルでは、まず間違うことなく全部が揃うものである。

そしてもう一度、添乗員が名簿を手にしてたしかめつつ、客にも自分のスーツケースがあるかどうか見てもらってから、バスに積み込むことになっている。

「どうしてこんなことになったのか、わからないんです」

と山口さんは頭を抱えた。

「だから言わないこっちゃない。早くわたしたちのスーツケースを探してよ」

と吉田さんの奥さんは、これ幸いと山口さんを責めた。

「おまえ、彼女のせいじゃないだろう？」

とご主人に言われても、一歩も引かない。

「わたしはサインをしなかった。でもあなたはサインしたのよ。というか、率先してみんなにサインをもらったんじゃない。なにがあっても責任取りますってね。これ以上彼女をかばいだてするようなら、代わりにあなたが責任をとるべきでしょう？」

「岡崎くん、なんとか言ってくれないか？　君が全面的にサポートすることになってるんだから」

吉田さんは逃げ道を探すみたいにぼくを見る。

「あなた、黙ってないでなんとか言いなさいよ。あなたにも責任はあるのよ」

神部さんの奥さんが怒鳴ると、ほかの面々も、神部さんと吉田さんのご主人を見つめた。

松本さんもなにか文句を言いたそうだが、大鳥さんに止められている。

たぶんみんな、深く考えもせず、書面にサインをしたのだろうが、いざとなったら、だれかのせいにしないと収まりがつかない。

「すみません……全部わたしが悪いんです」

と山口さんが、か細い声を出す。

ぼくはみんなの様子を見守りながら、責任の所在はとりあえずどうだっていいと思った。

そんなことより、消えた荷物を探すべきなのである。

ホテルのボーイに訊《たず》ねると、彼は間違いなく荷物は運んだと言う。昨日ぼくが渡した名簿には、きちんとペンでチェックが入っているのだ。

　ということは、スーツケースはホテルの玄関先までは運ばれていたことになる。まさか泥棒がやってきて、全部のスーツケースを持ち去ったとは考えにくい。玄関にはホテルのベルボーイがかならずいるのだ。

「山口さん！」

　と、ぼくは沈んだ表情の彼女に声を浴びせた。

「添乗員の仕事は、謝ってすむようなものばかりではない。

「じゃあ、ここにあるスーツケースは、いったいだれのものなんですか？」

　数えてみれば、全部で二十二個スーツケースが並べられている。

「アメリカ人のものみたいです。カリフォルニア州と書いてあります」

　山口さんは、スーツケースに付いている名札を見て言った。

「ちょっと一緒に来てください」

　とぼくは彼女を伴って、フロントデスクに向かった。

　アメリカ人のツアーが、チェックアウトしたかどうかをたしかめるためである。

　するとフロントマンは、アメリカ人のツアーが三十分前にチェックアウトしていると言う。

「Nトラベルに電話をして相談したほうが……」

と山口さんはぼくを見る。

「それでどうしようと言うんですか？」

とぼくは彼女を見返した。

旅行会社に連絡したってどうしようもない。旅行会社は、添乗員の悩み事相談室などではないのだ。自力で解決するのが手っ取り早い。

ぼくはフロントマンに事情を説明し、アメリカ人のツアーを扱っている現地の旅行会社に電話を入れてもらった。まだ朝が早いから緊急連絡先にである。

そして聞いたのは、ドライバーの携帯電話の番号と、この日の行程だ。ガイドが付いていればよかったが、このツアーにもガイドは帯同していない。

さっそくドライバーの携帯に電話を入れてもらう。しかし運の悪いことに、ドライバーはスイッチをオフにしていた。

リュックからポルトガル全土図を出し、フロントデスクに広げる。

彼らの今日の行程は、ポルトを出発したあと、ブラガに立ち寄って、スペインのマドリードまで行くことになっている。かなりの距離を走る強行日程である。たぶんドライバーは懸命に運転しているのだろう。

「それでどうするんですか？」

と山口さんが、頬を紅潮させて訊《き》いてくる。

ぼくたちは、この日南下して、聖地ファティマを見学したあと、魚のうまいナザレまで行くことになっていた。アメリカ人のツアーは、ぼくたちとは反対に北上している。

「追っ掛けるしかないでしょう」

とぼくは答えた。

たぶんアメリカ人のツアーに付いているのはぼんくら添乗員だったのだ。荷物を自分でたしかめもせず、客に見てももらわずに、バスに積み込んでしまった。

全面的に悪いのは、このアメリカ人ツアーの添乗員である。でも連絡が付くまで待っていたら、ぼくたちの日程にも支障が生じる。

時間のロスを最小限に食い止めるためには、ぼくたちのほうが動くよりしょうがない。

「サンキュー！」

と心配してくれるフロントマンに礼を言い、ぼくは地図を畳んで玄関先に出た。

「みなさん、早くバスに乗ってください。出発しますよ」

神部さんも吉田さんも夫婦喧嘩《げんか》は収まったようだった。

全員の不安げな視線がぼくをとらえる。

「だいじょうぶです。なんとかします」

とぼくは答えて、フェルナンデスと一緒にアメリカ人のスーツケースをバスに積み込んだ。彼らのツアーに追いついて、荷物を交換するのだ。

山口さんが、ぼくのアシスタントみたいに客を車内に誘導している。

フェルナンデスは運転しはじめると、いつもの陽気さが表情から消えた。獲物を狙うハンターみたいにアクセルを踏む。

ポルトからブラガまでは一時間の距離である。

ぼくがアメリカ人ツアーの添乗員だったなら、この日の午前の行程で、いちばん時間を使うのは、ブラガ郊外のボン・ジェズス教会だろう。

標高差百十六メートルの高さに位置する教会に、大階段とケーブルカーが併設されている。ケーブルカーで上まで登り、教会内を見学したあと、美しい大階段を歩いて下りるのが観光客の楽しみになっている。

三十分以上遅れていることを考えると、目指すはこのボン・ジェズス教会になる。

ぼくは状況だけ説明すると、あとは黙った。

山口さんや、神部さん、吉田さんを責めたってどうしようもないのだ。もとより彼らは客である。だからこそぼくは、山口さんのやり方になにひとつ口を差し挟めなかった。

正直彼女の仕事ぶりは完璧《かんぺき》だったが、完璧なあまり、教科書的すぎて、ちょっと息が詰まるようなところもあったのである。

客も車内で、ぼくと同様押し黙っている。

「あなた、荷物だいじょうぶかしら?」

ぼくの後ろの席で、吉田さんの奥さんが、通路越しにご主人に話し掛けた。

「なーに、岡崎くんのすることだ。だいじょうぶに決まってるだろ。ああいう野蛮な顔は、ピンチに強いと相場が決まっているんだ」

「シーッ! 聞こえるじゃない」

と奥さんが言うより前に、ぼくの耳にはしっかり届く。

(野蛮な顔で悪かったですね)

と心の中でつぶやきながら、いったいいつ仲直りしたんだろうかと、それがふしぎでたまらない。

座席の間から神部さんの奥さんのほうを覗き見ると、彼女もまた穏やかな表情で車窓から景色を見ていた。

バックミラーに映った松本さんは、なにもなかったみたいに煎餅《せんべい》を口に入れる。その音だけが車内に響く。

バスはブラガを通過した。万が一、アメリカ人のツアーがブラガを観光してたとしても、やがてはボン・ジェズス教会に来るだろう。

緑の中に九十九折《つづらおり》の階段が姿をあらわす。

その真ん前に、それらしきバスが停車していた。

フェルナンデスが、真後ろにバスを止める。

ぼくはバスから飛び降りた。

ちょうど前のバスからは、乗客が降りてきたところだったのだ。

添乗員をつかまえる。

「荷物、間違えていったんじゃない？」

フェルナンデスが、ぼくたちの後方で、バスの荷物置場を開けて指を差している。

アメリカ人の女性添乗員は、驚いたように大きく目を見開いた。

「なんてことをしてくれたの？」

と、ぼくのあとをついてきた山口さんが色めきたっている。

アメリカ人の女性添乗員は、ぼくたちのバスの荷物置場に、見覚えのあるスーツケースでも見つけたのだろう。過ちに気がついたようだった。

でも表向きには、しらばっくれた。

「だって、わたしはポーターにやらせたんだから。悪いとすればポーターよ」

「荷物を確認するのは添乗員の仕事のはずでしょ。あなたはそれを怠った。謝りなさいよ。悪いのはそっちなんだから」

「いいえ、わたしは悪くない！」

と彼女は言い張る。

いくらアメリカ人でもそれはごり押しというものである。あるいは過ちを謝罪するという美徳を、彼女は持ち合わせていないのかもしれない。

ぼくは口論は山口さんにまかせて、フェルナンデスやアメリカ人ツアーのドライバーと一緒に荷物の交換をした。

バスの車窓からは、客の面々が拳に力を入れて、山口さんたちの言い争いを見守っている。

山口さんは早口の英語でまくしたてていた。

アメリカ人添乗員は、あえて虚勢を張るように対抗している。

アメリカ人と言ったって、こんな人ばかりではないだろう。彼女の背後に集まってきた客から、自分たちの添乗員を非難するような声が聞こえはじめる。

さすがの女性添乗員も、ついには折れた。

山口さんに対して、すまなそうに謝罪する。

バスの中から歓声が聞こえてきた。

それは敗戦国日本が、大国アメリカに勝利したような雄叫《おたけ》びである。

山口さんは、さわやかな笑みをバスの車窓に送る。

「岡崎さん、ですぎたことをして、ほんとにごめんなさい」

とぼくに深々と頭を下げる。

バスに戻ると、もう一度歓声と拍手が轟《とどろ》いた。

ぼくはマイクを山口さんに手渡した。

「いいんですか？」

と彼女は戸惑いながらも、マイクをしっかり握った。

「ダメなところがあったら、遠慮なく言ってください」

「あまり力を入れすぎないでね」

とぼくは微笑み返した。

それぞれの旅路

六十キロ以上も迂回《うかい》を余儀なくされたおかげで、その日の行程はきつくなっていた。

しかし山口さんは、以前のように時間に追われるような態度ではなかった。

ポルトガルを旅してきたことが、彼女の心にゆとりを持たせたのかもしれない。

「実はわたし、添乗員をやっていたんです。いまの仕事に就く前に……」

かつて大学のあったコインブラで遅い昼食をとったあと、山口さんは落ち着いた口調で告白をした。

車内にはファドが流れ、客は寝息を立てはじめている。

「それがひどい添乗員の派遣会社だったんです」

なんでも添乗員試験を受ける前に十数万円の受講料を支払って、派遣会社で研修を受けたと言う。正式な四日間の研修と受験料はもちろん別途だ。十数万円は少々高すぎるきらいはあるが、ここまではいたってふつうだ。

ただ彼女が取れた資格は、国内専用のほうだった。

最初は食べ放題ツアーや花畑見学ツアーなど日帰りバスのもの。しかし次から次へと派遣会社の研修旅行が待っていた。まず新幹線研修。これは新幹線を利用したツアーに慣れるという名目だ。そして飛行機研修、修学旅行研修と続いた。

「研修ばかりで、お金を稼ぐどころか出ていくのも多かったんです。でも国内旅行の添乗がきちんとできないと、海外旅行の添乗はできないと言われていました。わたしはやれるだけの自信はあったのに」

一年ほど続けたが、ついに一般の試験を受けさせてもらえず、生活がままならないので、転職したそうである。

でも転職したといっても、また派遣で、コンピューター関連の会社に行った。時給は千五百円と添乗員より高給取りだ。

派遣社員は、三年同じ会社に勤めると、派遣先の採用試験を受けさせてもらえる。これは法律によって義務化されている。だから彼女は、採用試験に賭《か》けていた。しかし結果は不採用である。

「これはあとで聞いたんですが、派遣社員の正社員採用なんて、その会社ではまったく実績がなかったんです。試験は法律上の義務を果たすだけのものだった。それでなんだかムシャクシャしちゃって、このツアーに参加したんです」

山口さんがNトラベルのツアーに参加したのは、添乗員の質が高いと聞いていたから、どれほどのものか見てやろうと思ったからだそうである。いったん挫折《ざせつ》した添乗員の仕事だったけど、もしかしたら自分には合ってるんじゃないか。国内の添乗資格は持っているわけだし、今度はいい派遣会社を選んで、海外専門の添乗員になったっていい。

「十分通用すると思いますよ」

とぼくは本心から彼女に言った。

基本はしっかりできているし、アメリカ人添乗員とのやりとりで、交渉力があることもわかったからである。なにか問題が起こったときに、いちばん重要なのが交渉力だ。いくら英語ができたって、交渉できなければ意味がない。

「それでわたし、岡崎さんがかなりのんきに仕事をされてたものだから、ついその気になっちゃって……」

「岡崎くん、わたしたちは空港で、女房が免税店に行ってるときに、彼女の話を聞いたんだ。なんか切なくってな。こっちもあと一年で定年だ。今後どうしたらいいのか悩むのは、なにも彼女だけの問題には思えなくって」

神部さんが椅子越しに顔を出し、会話に加わってくる。

「そう、まったくそのとおり。あんな書面を作ったのは、少しでも山口さんの力になれればと思ったからなんだ」

通路側からは吉田さんが、そう言って照れ臭そうに頭を掻《か》いた。

「最初から正直に言ってくれればよかったのよ」

寝ていたはずの奥さんがパチッと目を覚まして言った。

「なんだ、おまえ起きてたのか」

と吉田さんは驚いている。

「あなた、わたしも起きてますからね」

と神部さんの奥さんも、中腰になって顔を覗《のぞ》かせる。

昼食のとき、同じテーブルになった大鳥さんから聞いた話によれば、ポルトのホテルで、ぼくと山口さんがフロントデスクに行っているときに、神部さんと吉田さんは、山口さんのことをみんなに説明し、それで夫婦喧嘩《げんか》が収まったとのことだった。

「それで静江もやっと納得してね」

なんでも妹の松本さんは、ご主人がリタイアしたあと、夫婦の間がうまくいってないそうなのである。いままでも一緒にやってきたはずなのに、四六時中顔を突き合わせていると、息が詰まってしょうがない。自分の主張はするくせに、松本さんがちょっと外出しようものなら、やたらに不機嫌になる。姉の大鳥さんとの旅行だけは認めてくれてはいるけれど。

だから、妻を大事にしない神部さんと吉田さんのご主人に腹を立てていたのだ。

「夫婦と言っても、同じものを見て生きてるわけじゃないから、難しいのよ」

と大鳥さんは言っていた。

男のほうは、リタイアすると、会社から離れて生きる意味を見失いがちになる。女のほうは、夫のいる生活に慣れてないから戸惑う。生活をどうしようとか、こどものこととか、若いころみたいに共通の話題も少ない。

「うちなんて、十年経って、やっと落ち着いてきたところなのよ」

「お姉さんはそう言うけどさ……」

と松本さんはため息を吐いていた。

でも、姉妹旅行が二人の息抜きになっていることは間違いがない。

「山口さん、国内旅行のおもしろい話があるんでしょ？　せっかくだから聞かせてよ」

と、神部さんが目を輝かせている。

きっとご主人に話の触りでも聞いたのだろう。

「みんな、もう起きちゃったみたいだし」

と吉田さんが通路から後方座席を確認する。

山口さんがマイクを握った。

「最近日本で、日帰りの格安ツアーが出ています。でも気をつけてくださいね。わたしが行った寿司《すし》食べ放題ツアーなんてひどかった。何十台もバスが一挙に押し寄せるものだから、板前さんはそりゃもう朝からたいへんなんです。昼の十二時に出す寿司を、朝の七時から握るハメになる。するとツアーが着いたころには、寿司はもう、干物みたいに干涸《ひから》びて、食い放題でも食べる気が起こらない。あと、こんなのもありました。カニ食べ放題ツアーです。でもしょせんそこは格安ツアー。生のカニなんて出されるわけがない。ロシア産の冷凍ガニです。その時、これは陰謀じゃないかと思いましたけど、なんとカニは半分凍ってた。あるおばあさんは、それでも無理やりカニを口に頬張って、歯が欠けてしまったんです」

車内には、笑い声が渦巻いた。

他人事《ひとごと》だからやけに可笑《おか》しい。

「それはそうと、そろそろファティマに到着します。ここは一九一七年、五月十三日、マリアさまが降臨された場所として、カトリックの人々の聖地になってます。バスを降りたら、歩いてバジリカに向かいますので、女性のかたはスカーフを忘れないようお持ちください」

青い空の下、ネオ・クラシック様式のバジリカが聳《そび》え立つ。

広場には大勢の人たちが集まっていた。

ぶらぶら歩く観光客のような人もいるけれど、地面に頭をつけて祈る人の姿も見えた。ポルトガルでは、信仰はいまだに根強い力を持っているのだ。

静謐《せいひつ》で厳粛な空気があたりに漂う。

バスを降りて、みんな気持ちよさそうに深呼吸する。

「ポルトガルっていいわね。やっぱり気に入っちゃった。スペインのほうが人気があるけど、わたしはポルトガルのほうが好き。移住するなら、断然こっちよ。物価も安いし、アメリカにも近い」

なるほどアルファマで、神部さんが、アメリカまでかかる時間を訊《き》いていたわけである。

「高級な地域だったら、リスボン近くのカスカイス。気楽な場所なら南部のアルガルべ地方がいいみたいです。ドイツ人やフランス人も大勢移住してますし」

山口さんがしっかりとインフォメーションを出す。

「あなたって、勉強しているのね」

と神部さんは感心している。

「おまえ、そんなことを企《たくら》んでいたのか」

とご主人は、どこか遠くに目をやった。

「リタイアしたらな、まずはおれの故郷、九州を二人で車で回ってみないか」

と吉田さんが奥さんに話し掛けている。

「どこで泊まるのよ？　お金がかかるんじゃない？」

「いまじゃ道の駅とかあるだろう？　年配の夫婦連れが、結構みんな自炊しながら車で旅をしているんだよ。おれが魚を釣ってやるから、おまえはバーベキューセットで魚を焼いてくれればいい。楽しそうだろ？　毎晩星空の下で夕飯だ」

「わたし、そんなのイヤよ。第一、雨が降ったらどうするつもり。それに車の中で寝泊りするなんて……。あなたがひとりで行ってくれれば？　わたしはその間、友達を誘って海外旅行に行ってくるから」

ご主人はかなり考えて提案したのだろう。即座に断られ、しょげていた。

「お姉ちゃん、次はカナダにオーロラを見にいこうよ」

「オーロラかあ。憧《あこが》れるわねえ」

と姉妹の意見は一致する。

バジリカに向かって広場を歩く。

みんな多少はばらけはじめた。

それぞれの旅路を歩いていっているようである。

「岡崎さん、わたしね、やっぱり海外専門の添乗員を目指してみるわ。最初は岡崎さんのこと、どうかなとも思ったんだけど、荷物がなくなったときの対処の仕方、カッコよかった！　わたしもね、岡崎さんみたいに颯爽《さっそう》と世界を歩いてみたいの」

「いい添乗員の派遣会社を紹介しますよ」

と、ぼくは天にも昇る気分で応《こた》える。

バカもおだてりゃ木に登るのだ。

「山口さん、岡崎くんを目指すのはいいが、あんまり野蛮人みたいな顔にはならんでくれよ」

吉田さんから茶々が入った。

奥さんに肘鉄《ひじてつ》を食らわせられた腹いせだろう。

「そんなあ、野蛮な顔になんて、なるわけがないでしょ」

と山口さんは、笑いながらぼくのほうをじっと見る。

そして次の瞬間、

「ごめんなさい……」

と、さも悪いことを言ったみたいにうつむいた。

（そんな態度で言われたら、かえってぼくが落ち込むだろうが……）

ぼくはとたんに、天から地上に叩き落とされる。

でも山口さんが、ぼくの仕事ぶりを見て、添乗員に返り咲くなんて、とてもうれしい出来事にはちがいない。

「今度こそは一流の添乗員になってよね」

ぼくは自分のことはさて置いて、山口さんを励ました。

ボランティアな人々——スリランカ編

米粉を練って作った
ソーメン状のものにカレーを
かけて食べるストリング・ホッパー

ボランティアな人々

二〇〇四年十二月二十六日、現地時間で午前八時ごろ、インドネシアのスマトラ島沖で大地震が発生した。

ぼくがテレビのニュースで知ったのは、その夜のことである。

地震そのものよりも、津波が押し寄せた甚大な被害が、スマトラ島のアチェ州やタイのプーケット島、インド東南部、スリランカ、モルディブなどから伝えられていた。

刻々と死亡者の数がカウントされていく。最初の段階でも数千人にまで達していたのが、日を追うごとに数が増えていった。

タイに住む友人たちからさっそく安否のメールが入り、無事であることを確認し、ほっとはしたけど、被災地の惨状をテレビで観るにつけ、声も出なかった。

道路が川のようになり、家は壊され、車や家財道具や人間までもが濁流に押し流されていく。家族を失い、住む家を失い、仕事を奪われた人々が、叫び声をあげ、あるいは茫然《ぼうぜん》と立ち尽くす。

水が引くと、あたりには死体がころがり、生き残った人たちも傷を負っていた。学校はさながら野戦病院と化し、行方不明の人たちの貼り紙が、数えきれないほど貼ってあった。国際機関や各国政府、NGOの人たちが、世界中から集まってきて救援活動をする。

一ヵ月も過ぎると報道は、徐々に日常のニュースにシフトを替えて、トーンは落ちていった。

それでも断続的に、新聞記事になったり、ドキュメンタリー番組が放映されていた。数ヵ月後にわかった死亡者の数は、なんと二十三万人である。

大手S旅行で企画課長をやっている近藤量子さんから連絡をもらったのは、地震があってから一年後のことだった。

なんでも彼女の友人、神田千鶴《ちづる》さんが、単身スリランカに入って、いまでも援助活動を続けていると言うのだ。これまでも何度かツアーを出したが、正直、参加者たちの扱いには苦慮しているとのことである。

「みなさん、千鶴の活動を理解して、支援くださっている方々だから、根はいい人なんだけど、このツアーの売りは、体験的なところにあるの。地元の人と一緒に寝起きして、食事をともにする。当然お風呂《ふろ》なんてないし、ベッドも粗末なものよ。食事は毎食スリランカ・カレーでしょ。するとどうしても、不満が出ちゃって、会社のほうでは、もうそろそろ打切りにしないかという意見が出はじめているのよ」

近藤さんは、ため息交じりに話してくれた。

「でもわたしとしては、このツアーを継続させていきたいの。ビジネスは儲《もう》けることが第一だとは思うけど、同時に社会に貢献していくことも必要でしょ。社員が自分を誇れるようなツアーを作る。すると社員の意気は上がる。社員の意気が上がれば、よりよい会社に成長していく。よりよい会社とはなにか？　これまでは営業的な側面だけでとらえられがちだったのが、もっと大きな存在感を示せるようになると思うの。働く者の喜びって、なにも儲けだけじゃない。自分の仕事が社会の役に立っている……そんな気持ちを共有できることが大切でしょ」

近藤さんは、たしか今年で三十八歳である。

ぼくとは数年前に開かれた添乗員の親睦《しんぼく》会で知り合った。当時すでに添乗員は引退していた彼女であったが、オブザーバー的な立場で呼ばれていたのだ。

ぼくは初対面で彼女と意気投合し、それでいて男女の付き合いに発展しなかったのは、想像するに、彼女がすでに結婚していたせいである。

近藤さんは、S旅行専属の一添乗員から、社員になって、いまでは課長にまで昇進している。S旅行で三十代にして課長になった人たちは、男性でも数えるほどしかいないらしく、周囲の人たちの話では、二児の母として主婦もこなすが、仕事もできるスーパー・キャリア・ウーマンということだ。当然部下の信任も篤《あつ》く、将来を嘱望されている。いつまで経っても、トラブル添乗員から抜け出せないまま、結婚はおろか恋人すらおらず、旅行会社にとっては、憎まれっ子世にはばかる的な存在のぼくとは大きな違いだ。

「それで今回、是が非でもツアーを成功させたいの。このスリランカ・ツアーを皮切りに、単なる観光旅行とは違った切り口で、日本と世界を結びつけたい。たとえばエコ・ツアーなんかもっと充実させたいし、NGOと組んで飢餓が叫ばれるアフリカに行くツアー、難民キャンプを訪問するとか、自然災害が起こったときに、いち早く救援隊を送るとか……旅行会社が社会の中でできることは、いろいろと考えられるのよ。そのためには、ふだんから継続的にツアーを出していかなくちゃ、機動力が生まれないでしょ。ネットワークもできないし。そんなことを、千鶴から教えてもらったの。彼女、むかしからちょっと変わった子だったけど」

電話口で一時間あまりも近藤さんはしゃべりまくった。

そしてとどのつまりが、手強《てごわ》い客がいるので、添乗をよろしくねということだったのである。あわせて最後にこうも付け加えた。

「もしうまくいったら、久しぶりに飲みにでも行かない？　大五ちゃんのツアーの話を聞かせてよ。最近あんまり笑ってないから、なごみたいんだ。大五ちゃんって、そばにいるだけで可笑《おか》しいでしょ」

旅行業界広しといえども、ぼくのことを「大五ちゃん」なんて呼ぶのは彼女だけである。がぜんぼくはやる気になった。

こうしてぼくの肩には、S旅行の社会的存在意義と、近藤さんの評価、さらには社員のみなさんの働く喜びまでがのしかかっていた。

ツアーの参加人数は十六名である。

だれが手強い客なのか？

ぼくは成田で客の面々に出会ってすぐに、目を皿のようにして観察していた。

要注意人物を見つけだし、不満が広がらないよう気をつけるのだ。

ツアーの前半は、世界遺産の観光がほとんどを占めている。近藤さんの話では、後半南部の津波の被害を受けた地域に入ってからが、とくに問題だということである。

旅の後半ともなれば、アンケートに大きな影響を及ぼす。S旅行の重役たちは、今回のツアーのアンケート結果から、今後の方針を決定するらしい。

いままでアンケート結果が芳しくなかったのは、ツアーの前半でふつうに観光していたのが、後半に入って、突然暗がりの穴に落ちたみたいに、環境が悪化したことが原因にちがいなかった。

ただでさえ、観光客とスリランカの庶民たちとは、生活水準のギャップが激しい。それが津波の被害を受けた人たちとの間ではなおさらだ。

でも生活ぶりを体験することに、このツアーの意義はある。

意義を感じつつ、満足してもらうためには、旅の前半から、客に心の準備をしておいてもらうのだ。

そこでまずは成田空港で、ぼくは全員を前にこう切り出した。

「みなさんに、どういうかたちで援助活動が行なわれてるのか知っていただくためには、現場を見てもらうのがいちばんです。ですから今回のツアーの目的も、津波で親を亡くしたこどもたちと寝食をともにすることにあります。ただ、いきなり現地に入っても、スリランカという国や、人々を知らなければ、理解できないことも多いはずです。そこでツアーの前半は、ポロンナルワやシーギリアといった文化三角地帯や、古都キャンディを見てもらうことになってます。表面的には単なる観光かもしれませんが、歴史や庶民の暮らしぶり、文化や宗教的なことをかならず肌で感じてもらえると思っています。後半、南部のハンバントタに入ったら、あらゆる面で不都合や不具合、不便さが生じるでしょう。でもだからこそ支援が続けられている。そんなふうに考えていただければと存じます」

神田さんが活動を行なっている現場の様子は、当然ぼくも見たことがなかったので、説明できる範囲でツアーの趣旨を伝えたつもりであった。

客の多くは、納得した表情でぼくの話を聞いてくれていた。

でもそうはいかない人もいる。

「そんなこと、はじめからわかっとる。わしはな、これまでチェチェンやイラク、アフガニスタンに支援してきた。ところがどこの援助団体も、支援者に現場を見せたがらん。ありゃあいったいどういうこっちゃ。金だけ取って、あとはせいぜい会報を配るだけなんだから。支援した金が、実際はどう使われているのか？　鉛筆の一本にでも使われているのなら、その鉛筆を見せてくれっちゅうのが、支援者の思いというものだ。権利と言ってもいいんじゃないか」

そんなこと突然言われても、なんと答えていいかわからない。

発言したのは、埼玉で板金業を営む平田勇さんである。

いまも社長の肩書は付いているけれど、六十を過ぎて本業はなかば息子に譲り、悠々自適の生活を送っているということだ。

坊主頭と太い眉毛《まゆげ》が印象的である。

「たしかにね。なかなかこんなツアーはないわよ。わたしもチェルノブイリとかの支援に協力してきたんですけど、ついぞ現場を見せてくれることなんてなかったものね。いつだって、代表者が行ってきて、その話を日本で聞くだけでした」

と、渋谷《しぶや》華子さんが甲高い声で言う。

生まれてこのかた家事なんてしたことがないような白い手には、大ぶりのダイヤがきらめき、たぶん付け爪だろう、きれいな指先が、話すと同時に優雅に動いた。

髪はアップでまとめあげ、首からは、これも高級そうな真珠のネックレスがぶらさがっている。パーティーにでも行くような濃紺のスーツ姿で、ぼくが目を皿のようにしていなくても、しぜんと目立ってしまうご婦人である。

援助現場を見にいくにしては、かなり場違いな服装だ。

「ほんと、渋谷さんのおっしゃるとおり」

「あらやだ、それヴィトンの新しいバッグじゃないの」

「あなた、気がつくのが遅いわよ」

渋谷さんの取り巻きみたいな、長谷川《はせがわ》道代さんと三島和恵《かずえ》さんが、話をあらぬ方向へと誘っていく。

「すみません、わたしも発言していいですか?」

と手を挙げたのは、最年少で二十歳の大学生、石本聖子さんである。

「チェチェンやイラク、アフガンに現地見学ツアーが出ていないのは、治安が安定していないせいだと思います。チェルノブイリは放射能汚染がひどいし、チェチェンはロシア政府当局が監視していて、簡単には行けない。イラクやアフガンではNGOの人たちだって命の危険にさらされている。中には亡くなっている人もいる。そんなところに、ポーンと支援者を放り込めますか？　できるわけがないでしょう。常識で考えたって、わかりそうなものだけど」

「あなた、またずいぶん生意気な口をきくわね」

長谷川さんが、渋谷さんの代弁をするみたいに言った。

「これでも一応、大学で国際援助を勉強していますから」

と石本さんが強い口調で言い返す。

彼女はかなり勝ち気な性格のようである。

「ところであなた、どこの大学？」

今度は渋谷さん自らが高飛車な感じで訊《き》いた。

「O女子大です」

と石本さんは、ショートカットの髪を揺らしてきっぱりと言う。

O女子大といえば、日本でトップクラスの女子大である。

「あら、そう。わたしはS女子大のOGなのよ。出身者には……」

と渋谷さんが言い掛けて、平田さんが、二人の言い合いを遮るように怒鳴った。

「どこの大学を出てようが、関係ないだろ。要は金だ。いくら支援をしているか。そこのところを評価してもらわんとな。この年になると、金は自分で持っておってもしょうがないと思うようになった。困っている人たちに手を差し伸べる。善行を尽くしてこその人生だ。わかるかな？　おれのこんな気持ちが」

平田さんの指先は、渋谷さんとは対照的に職業柄か薄汚れていた。叩《たた》き上げでなにかを成してきた、男の気迫が、その表情と言葉ににじむ。

しかしあたりには、シラけた空気が流れた。

言わぬが花ということもあるのだろう。

「ではみなさん、記念撮影といきましょう」

と明るい声で、ぼくの隣にしゃしゃり出てきたのは五十嵐《いがらし》良一さんである。

彼は商品カタログを専門に撮るカメラマンをしているらしい。いかにも重そうなジュラルミンのケースを肩から降ろし、中から一眼レフのデジタルカメラを出して覗《のぞ》いた。

「岡崎さんも、さあ入って。出発前の記念に」

五十嵐さんが写真を撮りおえると、ぼくはいったん解散を告げた。

数人の人たちに、ぼくの話など、まったく通じていないようなところが不安だ。

五十嵐さんが、出国審査へと向かう面々を見ながら話し掛けてくる。

「岡崎さん、ぼくね、実は国際報道カメラマンになりたいんです。来年でもう三十になりますしね。ここらで一発当てたくて。ですからツアー中も、ぼくのことは放っておいてください。勝手に写真を撮ってますから」

十六名いる参加者のうち、半数くらいはごくふつうの人たちだった。

しかし残る半数近くは強烈なキャラクターの持ち主のようである。

近藤さんが「手強い客」と言っていたのもよくわかる。一見したところ、渋谷さん以外はどうってことがないように思えたけれど、話をしだせば、一筋縄ではいかなそうな雰囲気がプンプン漂っていた。

こんなメンバーたちが、はたしてS旅行の重役たちを納得させるアンケートを書いてくれるのか。行く先々でなにか手を打っていかないとかなり難しそうである。

そう思っていたところ、機内でもうひとり、注意しておいたほうがいい客があらわれた。飯島《いいじま》恭子さんである。

歳は二十五。どちらかと言えば、目立たない人だったけど、化粧っけの薄いその顔は、よく見ればかなりの美形だ。

線が細く、弱々しく、気持ち悪そうに何度もトイレを往復していた。一昔前の映画なんかで出てくる、病弱で薄幸な美女そのものである。しかも彼女は、何度容体を訊《たず》ねても「だいじょうぶです……」と小さな声で答えるばかりであった。

おかげでぼくは、余計心配になっていた。

暗闇の大都会

スリランカのバンダーラナーヤカ国際空港に到着すると、そこには、神田さんではなく、真っ黒な顔をした小柄な男が紙を掲げて待っていた。

「神田さんはどうしたの？」

と訊ねても、一向に要領を得ない。

人懐っこそうな大きな目をクリクリさせて、口に収まりきらない出っ歯を剝《む》き出し、笑うだけである。

スリランカ人と言っても、周囲の人たちは彼ほど黒くはなかった。褐色がかった程度で、アラブ人みたいに鷲鼻《わしばな》をした男などずいぶん白い。インド系の人、マレー・インドネシア系の人、中にはアフリカ系のように鼻が横に広がった者もいる。

なるほど、インド洋に浮かぶ島だけのことはある。貿易で東南アジアとインドやアラブ、アフリカとを結び、長い年月の末に血が混ざりあったのだろう。だから人々の顔もいろいろなのだ。

男は名前をアニルと言った。

荷物がすべて出てきたのを確認し、女性のスーツケースはぼくがカートに載せる。ツアーの後半のことを考えると、ちょっと過保護かなという気もするが、自分で持ち上げられないほどに、重いスーツケースを持ってきている人たちが多かった。

渋谷さんなど、載せてもらってさも当たり前のような顔をしている。

「バス、バス」

とアニルは言って、ぼくの隣を歩き出す。

税関はパスポートを見せるだけで素通りだ。

それにしても、アニルとはいったいどういった男なのだろう?

二十代後半くらいで、縮れ毛の髪は短く、グリーンのポロシャツに迷彩色のズボンをはいている。足元はビーチサンダルで、足の指が広がっているところを見ると、靴をはく習慣などなかったようだ。

ガイドなら英語は話せるはずだが、ごくわずかの単語以外は知らないようだった。そして英語ばかりでなく、現地の言葉もおぼつかないようで、彼がなにか言うのを、税関の職員は、まるで戯言《たわごと》みたいに軽く聞き流していた。

人間にはだれでも表情に影とひなたが見えるものである。でもアニルの表情にはひなたしかない。歩き方も、大人のそれというよりも、こどもがはしゃぎながら歩くようである。

税関を出てすぐに両替をしてもらう。ベニヤ板の貼られた細い通路を通っていくと、旅行会社やホテルのカウンターが並んで見えてきた。

「バス、バス」

とアニルは前方を指差し、やけにうれしそうに目がキラキラしている。

旅行会社の人から声が掛かるが、ぼくたちにはバスがあるので関係がない。

この国では、まだ自由旅行に馴染《なじ》みが薄く、多くの観光客はツアーか、個人旅行でも車を雇って旅をする。公共のバスや鉄道もあるけれど、バスはいつも混雑しており、インドのようにツーリスト専用バスはない。そして鉄道は、国土の四分一ほどの地域をカバーしているにすぎないので、自由旅行をするには、あまり便利とは言えないのだ。

旅行会社の人たちは、ぼくたちにひとしきり声を掛けたあとで、続いてあらわれたヨーロッパ人の熟年夫婦を奪い合っていた。

津波に襲われたとき、クリスマス休暇が重なったことから、スリランカではヨーロッパ人観光客に多くの被害者が出た。

スリランカは、日本人よりヨーロッパ人の、とくに熟年の間でリゾートとして知られていたため、起こった悲劇であった。

ちなみに日本人観光客は、二〇〇〇年のデータで年間一万人ほどしかいない。隣国インドの七分の一、カンボジアやミャンマーよりも少なく、南アフリカ共和国と同程度の数字である。同じ飛行機に乗り合わせた日本人のほとんどは、モルディブのマーレ行きに乗り換えている。

ぼくはいつしかグループの真ん中あたりを歩きながら、そんな話をみんなにしていた。メンバーの半数くらいはきちんとぼくの話に耳を傾けてくれている。自分たちが支援している国だから、ふつうに旅行するより興味が増すのだ。

神田さんがいないのならば、ぼくが代わって説明していくよりほかはない。

そんな中、興味を超えて、迫力のある顔で熱心にメモを取っているのは石本さんである。石本さんの隣では、飯島さんが額に汗を浮かべながらつらそうだ。やはり体調が悪いのだろうか？

しかし、ぼくの話に興味のなさそうな平田さんや渋谷さんなどは、アニルのあとをついてさっさとバスに急いだ。

現地時間で、すでに夜の十時近くになっていたから、早くホテルに入りたいにちがいない。すると、

「なによ、これ！」

と、渋谷さんの耳をつんざくような声が聞こえた。

「岡崎くん、こんなバスで旅をしようと言うのか！」

続いて平田さんも、人目もはばからず大声をあげている。

ぼくは何人かの人を掻《か》き分け、先頭に出た。

なんと目の前に止まっていたのは、ふつうの観光バスではなく、『なかよし幼稚園』と書かれた、花柄模様のミニバスだったのである。

アニルはきっとこのバスがお気に入りなのだろう。だからずっと「バス、バス」と言っていたのだ。

文句を口に出さない面々も、驚いたように口をポカンと開けている。でもあまりに屈託のないアニルの笑顔につられて、力のない笑い顔を浮かべる。

タクシーやミニバスが、次々に横づけされて、客を乗せて出発していく。

どれもが日本の中古車だ。

宅配便の配送車や印刷会社の名前の書かれたものもある。

しかし、いくら中古車と言っても、こちらは『なかよし幼稚園』である。

バスに荷物置場なんてないから、ぼくとアニス、ドライバーのチャンドラが、汗だくになってスーツケースをバスに運び込む。いちばん後ろの席にうずたかく積み、それでも収まりきらないので、通路に並べた。

客がバスに乗る。

車体に『なかよし幼稚園』と大きく書かれた上の窓から、渋谷さんや平田さん、五十嵐さん、石本さんなど、年齢も考え方も職業も違う多彩な面々が顔を覗《のぞ》かせる。

なんだか可笑《おか》しい……。

可笑しさをこらえて、ぼくは最後にバスに乗り込んだ。

アニスは、乗降口の階段にちょこんと座る。

ドライバーのチャンドラは、拙《つたな》い英語ながらも、まともに話は通じた。

でも神田さんが迎えにこなかった点については言葉を濁す。

「緊急事態が発生したので、ホームを抜けられないでいるんです。でもご安心ください。わたしとアニスでみなさんをお守りしますから」

どんな緊急事態かと訊《たず》ねても、

「それは言えないんです」

と繰り返す。

車内では、神田さんに対する非難の声が飛んでいた。

「こんな扱い、あっていいのか？　少なくともわれわれは支援者だ。だれのおかげで援助活動ができているのか。そこんところがわかってないんじゃないのか」

「ふつうなら、きちんとあいさつにでも来るのが礼儀というものでしょう。それになによこのバス。人をバカにしているとしか思えないじゃない」

声の主は、もちろん平田さんと渋谷さんである。

「それって、ちょっと傲慢《ごうまん》じゃないですか！」

と石本さんが反論をする。

「なにか事情でもあるんじゃないの？」

という声も聞こえる。

なにせ幼稚園のバスだから小型で、人の声がよく通るのだ。

「岡崎くん、どうなっているんだね？」

と平田さんから訊《き》かれて、ぼくは、説明できないながらも答えた。

「……それが緊急事態があったそうなんです。内容まではわかりませんが。とにかくハンバントタに着くまで五日間、この態勢で進みますので、ご了承ください」

「岡崎さん！」

と後部座席から、五十嵐さんが、身を乗り出すように手を挙げた。

「政府関係者とLTTEとの交渉はどうなってるんですか？　交渉が決裂すれば、またテロが起きないともかぎらないんでしょ」

「テロって、どういうことなのよ！　津波被害をきっかけに、停戦状態が続いているはずじゃ……。それにテロ活動が盛んなのは、北部のほうで、文化三角地帯より南は問題がないって。まさか神田さんが迎えに来られないのも、そのせいじゃ……」

渋谷さんは、支援するばかりではなく、スリランカの国情にもある程度通じているようだった。

ぼくの英語の説明に、ドライバーのチャンドラは、顔色を変えて首を横に激しく振った。首を横に倒せば「イエス」になるのはインドも同じ習慣で、ぼくは「イエス」なのか「ノー」なのか、見極めてからはっきりと「ノー！」と客に伝えた。

「LTTEって、なんなんだ？」

と言う平田さんは、ほかの多くの客と同様、あまり詳しくなさそうだ。

LTTEとは、「タミル・イーラム解放の虎」という過激派組織のことである。インド東南部から移住してきたタミル人が、国民の七割を占めるシンハラ人の政治に異議を唱えたのがはじまりで、一部で反政府ゲリラ活動が活発化した。タミル人はヒンドゥー教徒で、シンハラ人は仏教徒である。そう説明されると宗教対立にも聞こえるが、スリランカ国内にはイスラム教徒やキリスト教徒も一緒に暮らし、LTTEにはイスラム勢力も抵抗していることから、問題はより複雑化している。

最近はLTTE内部でも対立があり、ゲリラ活動から逃れてヨーロッパに渡ったタミル人が、同じタミル人に脅迫される事件まで起きている。

「いまジュネーブでは、交渉の最中です。機内のCNNニュースで観たんですが、会議の席に両者が着いたことが報道されていました。二月四日の独立記念日を睨《にら》んで、交渉が続けられていくようです」

「独立記念日と言えば、一九九八年にキャンディの仏歯寺で、建国五十周年の式典の前にテロが起こって、観光客を含む三十人が殺された……」

五十嵐さんの話に、車内は静まり返った。

「独立記念日の二月四日には、ぼくたちはもう、ハンバントタにいるんです」

とぼくは声を大にして、不安を払拭《ふっしょく》しようとつとめる。

「なにか起これば駆けつけるのに」

と言う五十嵐さんは、テロが起こるのを待ち望んでいるような声である。

「五十嵐さん、あなたそれはあまりに不謹慎でしょ。北部では、内戦で親を失ったこどもたちも多いのよ。そんな子たちが、今度の津波で二重に被害を受けて、さらに政治的に安定しない地域だから、援助の手もなかなか伸びない。一部のNGOの人たちががんばっているだけなのよ。南部はかなり復興したらしいけど、東北部の海岸沿いはまだ手付かずの地域も多くて、一年経ってもテント暮らしを強いられている人たちもいる。北部に入れないNGOでも、北部と接する東海岸のリゾート、トリンコマリーを拠点に懸命に活動しているって言うのに」

渋谷さんは意外にも、ある程度スリランカの国情に通じるどころか、かなり援助の現状にも詳しいようだった。

「それにしても暗いわ……」

と石本さんが、窓の外を見て言った。

「そろそろ市街地だと思うんだけど」

と彼女は地図を手にたしかめている。

バスは大きな橋を渡ると左に折れた。

まもなくぼくたちの泊まるグランド・オリエンタル・ホテルに到着するはずである。旧市街のほとんどの店はシャッターを下ろし、わずかに果物屋や雑貨屋が明かりをつけているにすぎない。交通量は、いくら夜でもこれで中心部かと思えるほどだ。駅を過ぎ、少し進むと、幌《ほろ》のかぶったトラックから、暗闇にまぎれて兵士が何十人も降りてきていた。整然と並んで走り、路地にバリケードをこさえる。きっと夜闇に紛れた訓練である。

植民地時代風の大きな洋館が並ぶ通りには、ここでも軍人が道を固めていた。左手奥には海の近くに大統領府が控える。そこへ通じる道はすべて鉄製の門で封鎖されている。辻々《つじつじ》には、自動小銃を構えた兵士が塹壕《ざんごう》の上から目を光らせている。

夜のコロンボは、まるで戒厳令下の首都だった。

ボランティア自慢

テロさえなければ、スリランカはアジアでもっとも治安のいい国のひとつだ。たぶん世界的に眺めてみても、かなり治安はいいほうである。

　スリの類《たぐ》いは少ないし、だましもあまりない。値段交渉はするけれど、インドほどぼったくったりはしない。観光客目当ての睡眠薬強盗だとか、ケチャップをぶっかけて注意を逸《そ》らせておいてから、金品を盗むケチャップ強盗なんてのも聞いたことがない。イカサマ賭博《とばく》を持ち掛けられて、失敗したからと多額の金を請求されることもないし、美人に道を訊ねられ、言われるままになぜかホテルに誘われて、金を盗られるという美人局《つつもたせ》に遭うこともない。

　しかし、コロンボにいるうちは、ぼくのどんな説得にも客は安心できないようだった。警備が厳重だったのは、おもに泊まったホテル周辺のフォート地区にかぎられたことだったけど、第一印象の物々しさが、なかなか客の心に取りついて離れなかったのである。

「こんな国で援助しているなんて、神田さんは相当肝の据わった女だな」

　と平田さんが言えば、

「だからこそシャッターチャンスがあるんです」

　と五十嵐さんは嬉々《きき》とした。

　石本さんの顔は強《こわ》ばり、飯島さんは相変わらず青白かった。

　渋谷さんも貴金属類をすべてはずして、彼女にならうかのように、長谷川さんや三島さんも、綿パンにシャツ、スニーカーといった、いたってシンプルな服装に変わった。

昼間のコロンボは、旧市街のペター地区などアジアのどこの街でもそうであるように、人や車、三輪車のトゥクトゥクが溢《あふ》れて活気に満ちていた。もうもうとした排ガスとひどい交通渋滞に辟易《へきえき》となりながらも、炎天下を観光するぼくたちに、塹壕の上から兵士が手を振ってくれたりもした。

夕方海岸沿いのゴール・フェイス・グリーンを訪れる。するとそこには、雨傘に隠れて恋人たちが愛を囁《ささや》き合ったり、キスをしていたり、こどもたちは広大な芝生の上で凧《たこ》を上げ、波打ち際では投網《とあみ》を打つ漁師のところに、どんな魚が捕れるのか、スリランカ人観客たちが人垣をつくって見守っていた。

ランチをとった、ゴール・フェイスホテルでは、中庭で外国人旅行者たちが半ズボンにTシャツというラフな恰好《かっこう》でゆったりくつろいでいた。ホテルスタッフは柔らかな物腰で、親しげな笑みを送ってくれて、テロなどまったく別世界のものだった。

表面的には緊張がなかなか取れなかった面々も、エネルギッシュな街で、いかにも人のよさそうなスリランカの人たちに接することで、内側から徐々にほぐれていった。

アヌラーダプラで、スリランカ最古の仏教遺跡を見学すると、次に向かったポロンナルワでは、すっかりのびのびとした様子に変わっていた。

「つまんねえな」

と言いながら、五十嵐さんはそれでも時間を惜しむかのように、遺跡ばかりでなく、鳥にもシャッターを向けている。

コロンボを覆っていた排ガスも車の渋滞もない。

かつて都のあったシーギリヤの高台から眺めると、ほとばしるようなグリーンが、延々と広がっていた。古都のあるところ、かならず近くに広大な貯水池が控え、水辺に多くの鳥たちが集まってくる。

ツバメが旋回し、カラスより小振りな黒い鳥が飛んでいく。頬とくちばしが黄色いのが特徴だ。セブンシスターズと呼ばれる灰色がかった鳥は鳩に似ているが、かならず七匹くらいが一緒にいるのでそう命名されたらしい。グリーンのオウム、サギや鵜《う》もいる。中でもいちばんきれいなのが、日本のものより大型のカワセミである。

美しいブルーの肢体が貯水池に向かって滑降していく。

「いい写真が撮れたなあ」

と池に迫り出したホテルのレストランで、五十嵐さんは満足そうな声を漏らした。

「カタログカメラマンじゃあ、名前が表に出ないでしょ。名前で仕事ができるようになりたいんだ。それで海外を旅してまわる。憧《あこが》れるなあ。鳥専門のカメラマンにもさ」

アヌラーダプラでトイレ方々立ち寄ったゲストハウスの庭に、一メートル以上もあるハミングバード（ハチドリ）の巣があった。セメントみたいに堅く、上下に二つ穴が開いていた。下は雛《ひな》に餌をやるための穴、上は親鳥が周囲を監視するための穴である。

その奇妙な巣を見て以来、五十嵐さんは、鳥にご執心なのである。

「で、今日はポロンナルワの遺跡を見学しますが、どうされますか？」

「ウーン、ぼくはバイクを借りて、鳥を撮りに行ってくるよ。ハミングバードを見てみたいんだ」

と彼は答えた。

ぼくたちからちょっと離れたところでは、欄干に両手をついて、飯島さんが貯水池と、対岸に広がるジャングルを見ていた。

ジャングルには各種の鳥や野生のゾウが生息しているそうである。

「彼女さ、話し掛けてもうっすらと笑みを浮かべるだけでなにも答えてくれないんだよね」

飯島さんのほうを見ながら、五十嵐さんがつぶやいた。

「でも顔色はずいぶんよくなったみたいですけど」

「たしかに灼《や》けたからね。ただ、気になるんだ。彼女の表情がさ。カタログと言っても、時にはモデルさんも撮るわけだから、女性の表情には気をつけているだろう。飯島さんは、どうも心に、なにか重いものでも宿しているような感じがしてならないんだよ」

そこへバイクを運転するような恰好で、「ブーン！」と声をあげながら、アニルがやってきた。

「オッ、バイクが来たな」

と五十嵐さんは、飯島さんから目を離す。

ぼくも腕時計で時間をたしかめ、玄関のほうへと向かった。そろそろ出発の時間だったのである。

ホテルの玄関先では、面々が、修行僧みたいな老人をモデルに写真を撮っていた。オレンジ色の袈裟《けさ》をまとった仏教の僧は見かけたが、彼のような男はめずらしかったのである。

顔全体がライオンみたいに白い髪と髭《ひげ》に覆われている。洗いざらしの腰巻きをし、上半身は裸で、ショールみたいに布を首からぶら下げる。ビニール製のバッグを肩に掛け、右手に杖《つえ》を持ち、ビーチサンダルの出《い》で立ちだ。

「五十嵐さん、お願ーい」

とみんながカメラを手に手に、五十嵐さんを迎える。

さすがはプロは違うよねと、彼はなかばツアー専属のカメラマン役を押しつけられていた。だからこそ別行動する気になったのかもしれない。

「モデル代はいくらでもいい」

と老人は、顔を皺《しわ》くちゃにして、笑みをたたえながら言っている。

ぼくがアドバイスするひまもなく、次々に百ルピー札が老人に手渡されている。

百ルピーは百円そこそこにすぎないが、スリランカの物価では結構な金額である。コロンボの市内バスが十ルピー程度。どこでもうまいカレーパンが十五ルピーくらいでコーラは十ルピー、食堂でカレーを食べても、ハエの飛び交う庶民の店なら五十ルピーくらいなのである。

そう考えるとモデル代で百ルピーは高すぎる。

これまでも、物価の感覚は事あるごとに説明してきたが、わずか数日の滞在では、まだ客には伝わっていないようだった。

百ルピーは地元の庶民の間では、日本で千円くらいの感覚である。でも旅行者にとっては、小銭にすぎない。

なかなかぼくの思惑どおりには、ツアーは進んでいなかった。

モデル代を払った人から『なかよし幼稚園』のバスに乗り込む。

「そう言えば、物乞《ものご》いの人って、あまり見かけないわよね」

と長谷川さんが、渋谷さんに話し掛けている。

「スリランカは社会主義国家だからじゃないかしら」

と石本さんがなにげなく会話に加わる。

「もっと貧しい国かと思っていたけど……」

と渋谷さんは思案げだ。

狭いバスの車内では、だれかが発した一言がきっかけとなり、波のように会話が全員に広がっていく。

車窓からは、白い制服を着た学生たちが、水路の脇の木陰で涼んでいるのが見えた。貯水池からきれいな水が放水されて、水しぶきをあげている。

トゥクトゥクの運転手が、路肩で手を振り、ぼくたちのバスを見送る。

外国人旅行者たちが徒歩で、あるいは自転車を漕いで行きすぎる。

ポロンナルワは緑豊かな町だった。

十世紀から十二世紀にはシンハラ王朝の首都として栄えたらしいが、現在の町にその面影はまったくない。十分も歩けばたんぼに出くわすほどの広さしかなく、世界遺産を擁しているのに、土産物屋すら見当らないほどである。わずかに外国人観光客向けのゲストハウスやレストラン、田舎の商店街があるだけだ。

同じ世界遺産の町でもアヌラーダプラは、幹線道路に位置しているため、まだ広かった。それでも日本の地方都市にはとうてい及ばず、ビルすらほとんど見かけなかった。ゆったりとした時間が流れる。

通りから少しはずれれば、いやでも鳥のさえずりが耳に届いた。

バスはものの五分で遺跡の中に入った。

まずは中心となるクワドラングルの観光だ。

かつてはいくつも仏教寺院や仏堂があり、いまはキャンディに移った仏歯寺もここにあった。

階段を上っていくと、苔生《こけむ》した石の建物群が目に飛び込んでくる。インドで見られるような、あるいはカンボジアのアンコール遺跡にあるような女神の彫刻があちらこちらに彫られている。屋根を失った建物の入口には、ムーンストーンと呼ばれる半円形の石が置かれて、ゾウや馬、ライオンが描かれていた。

スリランカに仏教が伝えられたのは、紀元前三世紀のことである。仏の歯を祀《まつ》り、同時に灌漑《かんがい》設備が南インドからもたらされている。それまでのジャングルを切り開き、たんぼを作って、貯水池に水を貯めることで、稲作を容易にし、国家は繁栄した。

最初に都ができたのはアヌラーダプラで、やがて南インドからの侵略を受けて、ポロン

ナルワに移ったが、度重なる南インドからの攻勢で南下を余儀なくされて、十五世紀には
キャンディへと落ち着いた。
おもしろいのは、仏教が灌漑設備をともなって、国を潤したことである。ポロンナルワ
と同じ時代に繁栄したアンコール王朝も、稲作が成功したことで飛躍的な経済成長を果た
しているのだ。かの有名なアンコール・ワットは、寺院としてだけでなく、周囲に貯めた
水が貯水池としての役割を担っていたと言う。
「なるほどそうかも。インドからの距離は違うけど、東南アジアとスリランカは、似てい
るところもあるのよね。人の顔もそうだし、食べ物で言えばカレー。わたしはもっとイン
ド的なマサラの効いたカレー味を想像してたんだけど、どちらかというと、スリランカ・
カレーはインドネシアのぶっかけご飯、ナシ・チャンプルーに近い味だもの。マサラとは
べつの香辛料が中心で、トウガラシをふんだんに使うのも似ているわよね」
炎天下、キャップをかぶった石本さんが、メモ帳片手にうなずいている。
十二世紀ごろには、タイやいまのミャンマーから、多くの僧がポロンナルワを訪れてい
たらしい。いまは遺跡にすぎないが、当時ポロンナルワは仏教の聖地とされていたのだ。
「スリランカは、日本より古い仏教国です。仏教関係者が大勢来ているのもそのためでし
ょう」

とぼくは説明した。

遺跡の階段をちょうど日本人とおぼしき団体が上ってきたのだ。日本人の旅行者を見かけるのははじめてだった。坊主頭の人が数人いるところを見ると、僧侶《そうりょ》と檀家《だんか》の人たちだろう。

バスで道を走っていても、日本とスリランカの国旗を掲げた幼稚園がところどころにあり、さすがは日本の寺は、幼稚園経営が得意だなと思った。

津波のおりにも、日本の仏教関係者はかなり活躍したらしい。

宗教の対立軸ばかりが強調される世の中だけど、宗教はときに国境を越えて助け合うものでもあるのだ。

ひととおりクワドラングルの見学がすみ、バスに戻りましょうと、面々を誘導する。

するとアニルが、めずらしく怒ったふうな顔をして、ボクシングの真似をしながら、仏堂のほうを指差す。

見れば、日陰で平田さんと渋谷さんたちが、なにやら言い争っていた。

しぜんとみんなは、彼らのほうに歩みを進めた。

「わしはこれまで、チェチェンやイラク、アフガニスタンの援助をしてきているんだぞ。それも自分で稼ぎだした金を使ってだ。総額にすれば、五百やそこいらは下らんだろう。

それなのに、感謝状の一枚も出ないなんてのは、おかしいって言ってるんだ」

「あなたねえ、ボランティアって、そんなものじゃないと思います。困っていた隣人がいたら助ける。キリストの教えでもあるでしょ。見返りを求める援助なんて、精神からして汚らわしいわ」

「あのなあ、あんたそんな澄ました顔して、結局は、亭主が稼いだ金をちょろっと募金しているくらいのものなんだろう？　自分の力で隣人を助けているなんて言わせない。どうせ見栄《みえ》を張りたいだけなのさ。わしにはな、あんたのやってることは、ホスト通いする女と同じに見えるんだよ。言ってみれば、暇つぶし……」

平田さんは、太い眉毛《まゆげ》を投げつけるように渋谷さんを見る。

渋谷さんは濃いめのマスカラで対抗している。

なにがどう転んでこういうことになっているのか、見当はつかなかったが、あまりに対照的な二人は、早晩対決せずにはおれなかったのかもしれない。

コロンボから離れて三日、緊張感が解かれて、ついに本音があらわになったのだ。

ぼくはどっちに与《くみ》するわけにもいかない。

ほかの面々と同様、静かに事態を見守った。

「いくらなんでも、ホスト通いと一緒にするなんてひどいわよ」

と長谷川さんが援軍に出る。

「そうよ、渋谷さんはねえ……」

と三島さんが言い掛けて、渋谷さんが彼女を制した。

「じゃああなた、チェチェンやイラク、アフガンでなにが起こっているのか、言ってみなさいよ。支援はいいけど、どういう状況なのか、しっかり把握しているの？」

渋谷さんは、あえて平田さんの示した土俵には乗らず、自分の得意分野で勝負しようとしているようにぼくには見えた。

「チェチェンはな、ロシアから攻撃を受けて、何万人も難民が出てるんだ。チェチェンに留《とど》まる人たちはそりゃたいへんな目に遭っている。食うに事欠くありさまさ。仕事にすらありつけないで、希望を持てない若者たちが大勢いる。地下で秘密裏に、イスラム過激派の訓練が行なわれているのも、そんな劣悪な環境がもたらしたものなんだよ。一応ロシア政府は天然ガスなどを送っているから、厳しい冬の寒さをなんとかしのいでいけてるが、それは人権団体が監視しているせいだろう。生かさず殺さず、ロシアはあくまで長期戦の構えさ。そしてやがてはチェチェンを手中に収める腹づもりにちがいない。なんてったって、チェチェンには、石油や天然ガスが眠っているからな」

「じゃあ、イラクは？」

「イラクで深刻化しているのは劣化ウラン弾の被害だよ。この前ジャーナリストの報告会に行ったんだけどな、イラクで本当に危ないのは、武装集団による襲撃や拉致《らち》じゃなくて、実はアメリカの放った劣化ウラン弾による汚染のほうらしい。もし内戦が終結したとしても、放射能汚染がひどいから、旅行するのは当分よしたほうがいいと言っておった。チェルノブイリの二の舞だってな」

「それ、本当なの？」

と渋谷さんは目を見開いた。

「わしだって、いろいろと勉強してはおるんだよ」

平田さんにやや形勢が傾いた。

「でもあなたは結局お金なんでしょ？　お金さえあげればそれが支援だと思ってる」

「勲章でもほしいんじゃないの？」

横から長谷川さんと三島さんが、すかさず打って出る。

「わしらはもめ事をどうすることもできんが、貧しくて困っている人がいたならば、当面金がいちばん必要だ。そう思っとる。わしも商売が苦しかったころ、どれだけ金が欲しかったか……」

平田さんは汗だくの顔を、手に持ったタオルで拭った。

叩《たた》き上げの真実である。

「渋谷さん、わたしもう、我慢ができない。言わせてもらうから」

と三島さんがうめくように言った。

「渋谷さんはね、チェルノブイリの支援にも参加しているけれど、内戦で疲弊したアフリカのルワンダのこどもたちを育ててもいるのよ。チェルノブイリの会合で、わたしたち彼女と知り合ったんだけど、お金だけじゃない、本物の支援のかたちを教えられたの。ルワンダのこどもたちから、感謝の手紙が届くのよ。それで十分だって、彼女、うれしそうに言ったのよね。本当のボランティア精神を渋谷さんに教えてもらったの。そこがお金をあげるだけで、見返りを求めるあなたとは大きな違い……」

三島さんは目に涙を溜《た》めて訴えた。

長谷川さんも啜《すす》り泣いている。

女性の涙に、平田さんは返す言葉が見つからないようである。

ほかの人たちも、女性陣が多いから、渋谷さんたちに同情的な顔をしており、雰囲気からして、平田さんの劣勢は避けようがない。

「いいのよ、ごめんね。ごめんね」

と渋谷さんが、二人の肩を抱えるように両手を伸ばした。

おばさま三人は、感極まって輪になり慰めあっていた。

彼女たちの周囲で見守る人たちは、同情すると同時に、ボランティアのことに詳しく、ボランティア精神も併せ持つ彼女に、心を動かされたようでもあった。

「カンカンカン！」

とアニルが口でゴングを鳴らしながら、ぼくの隣から前に出ると、渋谷さんの右手を高々と持ち上げた。

アニル流に考えるなら、このボクシングは渋谷さんのTKO勝ちである。三対一ではあったけど……。

津波の爪あと

ポロンナルワでの一件以来、渋谷さんはこのグループのリーダー的な存在へと躍り出ていた。

レストランでもホテルでも、観光先の遺跡でも、彼女のまわりにみんなが集まる。世界のボランティアに詳しい渋谷さんの話を、だれもが聞きたがったのだ。

「わたしはね、支援するNGOを選ぶとき、なるべくこぢんまりとしていて、資金の流れが見えるようなところを選ぶようにしているの。だってそうでしょ、団体が大きくなると、どうしても事務費用がかさんでしまって、わたしたちの支援が直接相手に届くようには思えない。政府の支援策だって、ODAが絡んできたりして、地元の人たちの思いより、ODAを手掛ける日本の建設会社や地元の企業、政治家が、自分たちの利益のために動いていたりする。政治的な思惑も当然働くわけで、本当に支援が必要な末端に、支援がまわらないという矛盾が生じているのが実情なのよね」

「どうしてまた、渋谷さんはボランティアをするようになったんですか？」

と石本さんが質問をした。

彼女は渋谷さんになびいた人たちとは、一線を画したようなところがあって、口調もどこか取材をしているみたいだ。

車窓には、山を切り拓いた斜面に茶畑が広がっていた。サリー姿の女性たちが腰をかがめて茶摘みしている。

ポロンナルワから古都キャンディを経て、この日ぼくたちは中央山間部を越え、一路南部のハンバントタに向かっていた。

キャンディでは、もちろん仏歯寺は厳重に警備されていたけれど、平穏そのもので、もはやテロの危険性が話題にのぼることもなかった。

窓を開けると、冷涼な風が入り込む。

スリランカは昼間は暑いが、朝夕は結構涼しく、東南アジアよりはるかに過ごしやすかった。かつてイギリス植民地時代に避暑地として開発されたヌワラ・エリアなど、標高が千メートルを超え、年中春のような気候らしい。

ぼくは、神田さんの運営しているスマイル・ホームを訪れるにあたって、ソフトランディングできるよう、車窓の景色からででも話をはじめようと思っていた。

今晩からは、これまでとまったく環境が変わるのだ。

茶摘みしている人たちの生活はどの程度なのか。植民地時代の名残で、持てる者と持たざる者の格差は激しい。高等教育を受けても就職はままならず、ましてや教育を受けられない子たちの将来にはかなり厳しいものがある。旅行者には見えにくいけど、インドのようなカースト制度も存在している。

スマイル・ホームは、そんなスリランカから、取り残されたこどもたちの施設だ。日本から支援を募り、神田さんが懸命に運営していても、たぶん日本人の常識からすれば、受け入れがたい現実を垣間見ることになる。ましてやぼくたちは、スマイル・ホームで二泊だけだが滞在するのだ。

神田さんが空港まで迎えにこられなかった事情はわからないけど、客は気持ちのどこかで、彼女にカチンときたのは間違いがない。ならば、先手を打っておく必要もあった。

ところが、窓の外を見ているのは、渋谷さんに敗れたかたちとなった平田さんとカメラマンの五十嵐さん、それに飯島さんだけだった。あとはアニルがめずらしく、寂しそうな表情でバスの乗降口に立って、外を見つめているにすぎない。

そのほかの面々は、渋谷さんが口を開くのを待っていた。

しばらく沈黙が続いたあとで、やっと渋谷さんが話しはじめた。

「実はね、主人の実家が神戸にあったの。それであの大震災のとき、主人と二人で両親を見舞ったのよ。幸い家も壊れず、主人の両親も無事だったんだけどね、瓦礫《がれき》と化した神戸の街は、それはひどいものだった。わたしたちが行ったのは、一週間後のことだけど、まだ大勢被災者たちが体育館などに避難していたわ。その時わたしたちは、ただ茫然《ぼうぜん》とするだけでなにもできなかった。でも東京に戻って落ち着いてみると、懸命に働いていたボランティアの人たちの姿が脳裏に焼きついて離れない。なにかわたしたちにできることはないかと考えた。それで東京で、支援するグループに加わったのが最初なの」

「神戸って、日本のボランティアの象徴的な場所になったんですよね。あの大地震以来。ボランティアが組織化されて、いまでは日本ばかりでなく世界に向けても活動の輪を広げているんです」

石本さんが、渋谷さんの話に解説を加えた。

言うなれば、渋谷さんは神戸チルドレンだったのである。

「もう十年以上経ったけど、あの時の光景は決して忘れない。それからチェルノブイリやルワンダなんかにも関心を持てるようになった。あの大地震がなかったのなら、平田さんじゃないけれど、ヒマに飽かせて、ホスト通いしてたかも」

と渋谷さんはクスッと笑う。

平田さんは、むくれた表情で外を見ている。六十歳を過ぎてはいるものの、先生に叱られたガキ大将そのものだ。

「今年でチェルノブイリから二十年になるのよね」

とだれかが言った。

「チェルノブイリはどうなってるの？」

と質問が飛ぶ。

「チェルノブイリの原発事故で被曝《ひばく》して亡くなった人は、国際原子力機関によれば、四千人にものぼるらしいわ。でも実際は、もっといると考えられている。放射能汚染は、当初考えられた以上に深刻な問題になっているのよ。発症者が年々増加しているの。被曝者だけでなく、その後生まれたこどもたちの中にも、甲状腺《せん》ガンで苦しんでいる若者が多いのよ。なぜかと言えば、情報が周知されずに、感染源となる汚染された牛乳や野菜をとったせいなの。それでいて政府はほとんど補償もしていない。政府の無策が招いた結果なのにね。当時はソ連で、いまはロシアやウクライナ、ベラルーシに国が変わったのも原因のひとつだけど……。ただ、いつだって、どこでだって、国家の体制がどうあれ、政府の庇護《ひご》を受けられない人たちはいる……」

渋谷さんはほぼ完璧《かんぺき》に、みんなの気持ちをつかんでいた。面々が幼稚園児だとすれば、渋谷さんは先生である。

この日はずっとバス移動だったので、ぼくが口を差し挟もうにも、タイミングが取りづらく、あくまで渋谷さんを中心に、車中の時間が空しく過ぎていった。

バスはやがて茶畑に別れを告げて、山を下ると、いつしかブッシュの広がるところを走っていた。

海にジャングル、世界遺産の遺跡に、古都、高原、そして草原と、さほど面積は広くない中、スリランカは多様な姿を見せてくれる。

左手に入れば広大なヤーラ国立公園が控え、ゾウやヒョウなどのサファリを楽しめる。

しかしここは、津波で日本人のツアー客たちが命を落とした場所である。

サファリの基地になるティッサマハーラーマを通り過ぎると、ハンバントタの街はすぐそこだった。

高原では見られなかったヤシの林があらわれてくる。その下に、錆《さ》びたトタン屋根の家々、瓦礫が片付けられないままで放置された広場が続く。

安普請の仮設住宅が何棟か並んで建てられ、家の壁にはクウェート国旗が描かれていた。イタリア、ドイツ、フランス、日本……各国の国旗が病院や建設中の住宅、工事中の道路の看板に記されている。

ハンバントタには鉄道駅はない。主要な交通機関はバスだ。そのバスターミナルでは、まるで何事もなかったかのように、古びたバスが発着していた。ミニバスや乗用車は日本の中古車がほとんどだけど、大型バスはインド製である。

強烈な日差しを受けながら、街は賑《にぎ》わいに包まれていた。

しかし海岸近くの建物は、遺跡みたいに廃墟《はいきょ》と化しているものも多かった。窓ガラスはなく、ペンキが剥《は》がされレンガがあらわになっている。無人の家々の窓の向こうには、コバルトブルーのきれいな海が見通せる。破壊されたコンクリートの固まりがうずたかく積まれ、再建の見通しなどまったく立ってないようだ。

それでも人々は深刻そうな顔など見せずに、ごくふつうの生活を送っているようである。

「かなり復興が進んでいるとは聞いていたけど……」

と石本さんが、津波の傷あとを見つめながらつぶやいた。

復興は進んでいても、津波のすさまじい破壊力は、まだまだそこかしこで感じられたのだ。想像力をたくましくすれば、どれほどの波に襲われたのか、テレビでも報道されていただけに、容易に場面が蘇《よみがえ》る。

スマイル・ホームはハンバントタの街からちょっとはずれたところにあった。

海岸沿いの幹線道路から内陸に入る。

道の両側には瓦礫やゴミが散乱していた。津波を耐えた傷だらけの家に、新しいトタン屋根がかかっている。打ち棄てられた家もある。打ち棄てられてもよさそうな家の庭に、洗濯物がひるがえっているのを見て、人が住んでいるとわかったものもある。

貧しい人ほど、災害から立ち直るのは難しい。

道のところどころに、UNHCR（国連難民高等弁務官事務所）の水タンクが置かれてあった。

ヤシの木立の中に、真新しい木造の家が見えてきた。

雑草の生えた広場と、隅のほうに、コンクリートの土台だけができた建設途中の建物がある。建材やトタン屋根が集められていた。

「ホーム、ホーム」

とアニルが叫ぶ。

広場で遊んでいたこどもたちが、バスに駆け寄ってくる。

乳飲み子から、中学生くらいの子までいる。総勢二十人ほどだろうか。

五十嵐さんがカメラを構え、間断なくシャッター音が車内に響いた。

バスが止まると、客は我先にバスから降りていく。

アニルやチャンドラを見つけて、数人のこどもたちが彼らに抱きついていた。

腰に茶色の布を巻き、Tシャツを着た女性がいちばん最後に姿を見せた。腕に赤ん坊を抱いている。神田さんである。

「よくいらっしゃいました」

と彼女は、開口一番笑顔で言った。

髪は長く、潮焼けしたのか栗毛色に変色している。顔や腕は小麦色を通り越し、チョコレート色である。近藤さんの話によれば、彼女と同じ三十八歳、幼なじみと言っていたけど、スーパー・キャリア・ウーマンの近藤さんとはまったく違う雰囲気だ。

立ち並ぶヤシの木々に溶け込んでいて、いかにも自然体である。

虫や鳥の鳴き声がする。

あたりはいたって静かだ。

数匹の犬が地面の匂いを嗅《か》ぎながらうろついていた。

「これからちょうど、夕ご飯の支度をするところなんですよ」

こどもたちが大きな瞳《ひとみ》を輝かせ、面々を取り囲んでいる。

「それはそうと、荷物はどこに運べば？」

とぼくは訊《たず》ねた。

「あら、ごめんなさい。そうよね。食事を作るより前に、荷物を降ろさないとね」

神田さんは、すっかりスリランカのペースが身についているのだろう。なんともゆっくりしている。

「あの、おトイレは？」

と長谷川さんがモジモジしながら言った。

神田さんがこどもになにか言うと、数人の女の子が長谷川さんの手を取って、うれしそうに建物の裏側へと走っていった。

「お部屋を見せていただけないかしら」

とやや強《こわ》ばった面持ちで、渋谷さんが口を開いた。

自分たちの泊まる部屋が、目の前にある木造家屋であることを恐れているみたいな口振りだ。

スマイル・ホームは、一昔前の田舎の学校みたいな造りになっていた。

玄関を入ると左手にパソコンなどが置かれた事務所があって、その隣が二十畳ほどの食堂になっている。反対側が、こどもたちが生活する部屋で、六畳くらいの部屋が全部で六つある。

床はフローリングになっており、玄関で靴を脱ぐのは日本と同じだ。ただしフローリングと言っても、ヤシの木製で、日本のように地面と床に段差はない。

「スリランカも日本と同じで、家に上がるときは靴を脱ぐんです」

と神田さんが説明をする。

こどもたちが、ぼくたちのあとをぞろぞろとついてきている。

「ねえ、聞いてよ。おトイレ、真っ暗で、電気もついてなかったわ。いまはまだ隙間から日が差し込むからいいけれど、あれじゃ、夜にはおトイレなんて恐くていけないわ」

トイレから戻ってきた長谷川さんが、渋谷さんに耳打ちしていた。

「それでトイレの上にシャワーが付いていたから、あれがシャワー室なのかも」

渋谷さんの表情は、岩みたいに固まり気味である。

「ふだんはこどもたちが寝ている部屋なんですが、みなさんが来られるということで、三つの部屋を空けさせました。かなり狭いですけれど、男性が一部屋に五名と、女性が五名と六名ずつで、お休みください」

部屋の隅には布団がきれいに並べてある。

でもこの狭さでは、まさに座って半畳、寝て一畳の広さしかない。きっとスーツケースは、廊下にでも並べておくよりしょうがない。

「岡崎さんは、申し訳ないんですけど、裏にあるアニルたちの小屋に泊まってください」

アニルがやけにうれしそうに、出っ歯を突き出す。

客から文句が出るのもうなずける。そしてたぶん客ばかりではない。添乗員だって、だれも添乗したがらないだろう。

ぼくは急に肩が重くなったように感じた。

こんな環境で、どうやっていいアンケート結果を残せようか。

だいたいこれまで作戦がうまく進行できずに、説明不足なのである。

「それで、少し休んでいただきましたら、お手伝いをお願いしたいんです。女性は料理作りと、男性はまき割りです」

さすがの渋谷さんも顔色が変わっていた。

岩のように固まっていた顔が、たぎった溶岩のようになり、いまにも怒りだしそうなくらいに紅潮している。

きっと、支援者に対する配慮などないところが気に入らないのだ。

しかし彼女がなにか言うより先に、五十嵐さんの声がした。

「なんか、飯島さんがひどく具合が悪そうなんです。だいじょうぶですか？　飯島さん！」

飯島さんは、五十嵐さんに抱えられ、やっと立っているような状態だった。目がうつろでガタガタ体を震わせている。

「岡崎さん、彼女の荷物を持ってきてください。わたしが飯島さんをみますから」

と石本さんが寄り添った。

「この部屋でいいですよね」

と石本さんに言われて、神田さんがうなずいた。

「だいじょうぶかしら。風邪でもひいたんじゃ……。キャンディはここより朝夕涼しいし、クーラーにあたって体が冷えてしまったのかも」

神田さんはそう言いながらぼくを見る。

「でも、あの人、どこかで見たことがあるような……」

中学生くらいの女の子が、お下げ髪を上下させて部屋に飛び込むと、心配そうに飯島さんのほうを見ながら布団を敷いた。

夜の食卓

スマイル・ホームで暮らす二十三人のこどもたちは、みんな津波で親を亡くした。神田さんの話によれば、スリランカ全土で三万数千人の死亡者、および行方不明者が出たとのことだった。

死亡者数をカウントすれば、被害の大きさはわかるけれど、肉親を亡くした人たちの悲しみは、はかりしれない。

でもこどもたちと接することで、より身近なものになったのはたしかであった。

夕飯の席上、神田さんは、赤ん坊を膝《ひざ》の上に抱いて、いろいろなことを話してくれた。面々は、蚊に刺された腕や足、首筋をボリボリ掻《か》きながら、そして慣れない手つきでカレーを食べながら、彼女の話を聞いていた。

体験とはすなわち、こどもたちとすべて一緒にという趣旨らしく、食事も現地にならって手で食べたのである。

「わたしが津波の第一報を聞いたのは、みなさんと同じ、日本でのことでした。その年も、お正月休暇をスリランカでウインドサーフィンをするつもりでいたんです。ハンバントタは、ウインドサーフィンで有名なところなんですよ。毎年恒例になっていたから、道具はすべて、いつも宿泊しているゲストハウスに置いてあったんです。国際電話はつながらず、スリランカ南部の情報は、なかなか届かない。すると出発予定日の前日になってから、チャンドラがわたしの家に電話をしてきました。津波の四日後のことです。なんでも現地に救援にきたＮＧＯの人から衛星電話を借りたらしい。それで、わたしの道具がすべて波に流されたと泣くんです。道具なんかどうだっていい。みんなは無事かと訊ねたら、ゲストハウスの関係者で生き残ったのは、アニルと二人だけだと言うんです。わずか数分話しただけで、電話は切れました。わたしは予定どおりに、スリランカに向かうことにしたのです」

実は神田さんは、ハンバントタに通ううち、ゲストハウスのオーナーと親しくなって、求婚されていた。彼の求婚を受け入れて、ハンバントタに住もうと決意した矢先のことだった。

コロンボからサーフィンで有名なヒッカドゥア、世界遺産にもなっているゴールなどを通ってハンバントタに来るのが通常のルートだけれど、海岸線の幹線道路は寸断されて、辿《たど》り着けない。そこで彼女は、今回ぼくたちが通ってきた、キャンディからの山越えの道を使って街に入った。

出発前に、急遽《きゅうきょ》日本でキャンプ道具や医薬品などを調達し、またコロンボ、キャンディで、衣服や調理器具、食料品などを買い足した。

でも車で現地に入ると、それらの品物は、被災者たちで奪い合いになって、瞬く間に消えてなくなった。弱い者が弾《はじ》き飛ばされ、強い者が強引に持ち去っていく。

そこで神田さんが見たものは、物を奪い合う大人たちの向こうで、生存競争に参加することもできずに、家族を失い途方に暮れるこどもたちの姿であった。

多少は現地の言葉もできたので、彼女はひとりひとり、そんな子を見つけては声を掛け、集めていった。チャンドラやアニルと再会を果たし、彼らも協力してくれる。

ゲストハウスのオーナーは、実家がキャンディ近郊で茶畑を経営しており、彼の両親は神田さんに支援を惜しまなかった。亡き息子の供養のような気持ちだったらしい。

学校の避難所で寝泊りしながら、神田さんはこどもたちの行き場を探した。役場や仏教寺院、イスラム寺院などを訪ねても、どこも手一杯で、ラチがあかない。

そこで自分でホームを建設しようと決意したのだ。

ようやくこの地に、仏教寺院から無償で土地を借り受け、小屋ができたのは一ヵ月後のことである。それがいま、チャンドラとアニルの小屋になっている。

これまでＯＬをしながら貯めてきた金は、底が突きはじめていた。すべてが初体験だったから、大工にホームの建設を依頼して前金を渡すと、そのまま逃げられたり、井戸に溜《た》まった海水を抜いてやると言われて金をむしり取られた。

「そんなのひどいじゃないですか。なんて人たちなの？　苦しいのはみんな同じだったはずなのに」

と、石本さんが目に涙を溜めて訴える。

「そう、苦しいのはみんな同じだったのよ。でもあんな災害に見舞われると、人間って、壊れちゃうものかもしれない。夜になると、どこかでレイプされる女性の悲鳴が聞こえたり、泥棒を追い払う怒鳴り声が響いたり、生きた心地もしなかった。幸いわたしのことは、チャンドラとアニルが守ってくれたし、わたしもこどもたちを守った」

面々は、口のまわりにごはんをくっつけたまま、神田さんの話を聞いている。

手で食べ慣れていないから、きちんと口に放り込めない。

平田さんの隣に座った少女が、老いたガキ大将みたいな平田さんの顔を見てケラケラ笑った。平田さんの口のまわりには、だれよりもごはんとおかずがべったりとくっついていたのだ。

「そんな時でも、この子たちの笑顔には救われた。それにアニルがちょっとしたことで笑ってくれるでしょう？　彼はいるだけで、こどもたちの気持ちをほぐしてくれるの」

アニルは元々、キャンディ近くの茶畑で、使用人として働いていた。ゲストハウスがオープンすると同時に、ハンバントタにやってきたのだ。生まれは北部のとある村で、両親は内戦に巻き込まれて亡くなっている。親戚中をたらいまわしにされた挙げ句に、伝手《つて》を頼って、オーナーの家に預けられ、育てられたのである。

タミル人の中でもかなり低いカーストの生まれなので、使用人以上にはなりようがないらしい。本人もそれで満足しているのだそうである。

資金不足に陥った神田さんは、近藤さんに相談をした。デキる彼女は、日本で奔走し、またS旅行内にスリランカ支援プロジェクトを立ち上げたのである。

おかげでスマイル・ホームを建てられて、バスも購入できたのだそうだ。

「ちょうど『なかよし幼稚園』ってバスが、安く売りに出されていたの。アニルがすっかり気に入って、それにほのぼのとしていいから、買ったのよ」

と神田さんは、窓越しに暗くなった外を見つめる。

「津波からちょうど一年くらいが経ったんですけど、こどもたちの様子はどうですか？」

と渋谷さんが質問をする。

神田さんは渋谷さんの皿を見た。

この日の献立は、ごはんに、青菜とココナッツの炒《いた》め物、タロイモのカレーに、焼き魚であった。ご飯とおかずを混ぜ合わせて食べるのがふつうだが、彼女の皿は、ほとんどよそったままのかたちで残る。

渋谷さんの手を見ると、まるで汚れていなかった。いったんは手で食べようと思ったにちがいないけど、付け爪が邪魔したのだろう。

「あら、ごめんなさい。食べつけないせいか、お腹がいっぱいになってしまって」

と渋谷さんは、言い訳じみたことを言う。

「でしたら、みんなに譲ってあげてもいいかしら？　これでもこの子たちにとっては、今日はご馳走《ちそう》なの」

と神田さんは屈託なく申し出る。

たしかにこどもたちの中には、目を爛々《らんらん》と輝かせながら、人の皿を見ている者もいる。とくに焼き魚には熱い視線が送られる。

「わたしも、もう十分よ」

「わたしもよ」

とおもに女性陣から声が飛んでくる。

ほとんど手を付けていない皿が、次々にテーブルの中央に集められていく。

年長者の女の子が、欲しそうな顔をしているこどもたちの皿に、配ってあげる。

ちなみに完食したのは、ぼくと平田さんだけだった。

女の子は、ぼくと平田さんの皿にも、ごはんとおかずを盛ってくれた。焼き魚を二尾も付けてだ。

ぼくたち二人は、よほど物欲しそうな顔をしていたということか……。

「それで……」

と渋谷さんが、神田さんに話の続きをうながした。

「ああ、そう、こどもたちのことね」

と彼女はやや陰鬱《いんうつ》な顔になる。

「だれかが遊びにきてくださると、こどもたちって、とたんに元気になったりするのよ。でもみなさん、ふつう二泊でいなくなるから寂しいみたい。ツアーの人たちが帰ったあとは、しんみりしちゃって。PTSD……心的外傷後ストレス障害の症状が出るのよね。まだ小っちゃいんだもん。しょうがないけど、そんな時は、みんなで抱き合って泣くの。時には、真夜中に震えが止まらない子も出る。兄弟みたいに支えあっているから、なんとかやっていけてるのかも」

続けて神田さんは、スリランカの暗闇の部分を静かに話した。

「スリランカは、その貧しさから、いまだに人買いが横行している。ご両親も納得の上で養子縁組が決まるんならともかくね、誘拐事件も多発しているのが現状なのよ。狙われるのはこどもたち。誘拐したこどもや赤ちゃんに、エージェントは新しい戸籍を用意する。それでおもにヨーロッパのこどもがほしい家庭に斡旋《あっせん》するのよ。結果論から言えば、誘拐されても、こどもたちはなに不自由なく暮らせる可能性が高くなるわけでしょ。貧しくて苦労するくらいなら、もらわれていったほうがいいのかもしれないけれど、犯罪が介在するのは許せない」

「ここのこどもたちは、だいじょうぶなんですか？」

と石本さんが、指をごはん粒だらけにしながら聞いた。

彼女は必死で皿を平らげようとしていた。

でも食べ方を知らないために、ご飯がポロポロと手の間からこぼれ落ちてしまって、時間がかかる。

スリランカやインドのカレーは、手で食べるとき、おかずをご飯に練り込むように混ぜてから食べないと、なかなか上手に口に運べない。練り込んで、人差し指と中指で掬《すく》い、親指をバネのように利かして口に放り込むのだ。

練り込むと、うまくなるのが不思議だ。

でもそんな解説を、ぼくがしている場面ではない。

神田さんが話しだす。

「それがうちにもエージェントの人間がやってきたのよ。断ったんだけど、この子がいなくなっちゃって。ちょうどみなさんがコロンボに到着した日のことだった」

神田さんは、隣に座った三歳くらいの女の子の髪を触った。

「それで慌てちゃってね。ハンバントタからコロンボまでは車で七時間かかるから、チャンドラとアニルに、みなさんの迎えを頼んだの。往復で十四時間もホームを留守にはできなかったから。いなくなった子は、浜辺で見つかったからよかったけれど、いつだって目を光らせていなくちゃならない。こういうところが、個人の限界なのかもね。それで昼間は近所のお母さんたちに、アルバイトで来てもらってる」

なるほどだから、神田さんは空港まで来れなかったし、誘拐事件かもしれないと案じていたチャンドラは、詳しい説明もできなかったのだ。

面々は神妙そうな顔をする。

とくに平田さんなど、食べていた手を止めて、太い眉毛《まゆげ》が申し訳なさそうに垂れ下がっていた。

しばらく沈黙が続いたあとで、ふたたび渋谷さんが口を開いた。

「ボランティアの団体って、大きいところや小さいところなどいろいろとあるんですが、神田さんの個人的な考えでは、どちらがいいと思われますか？」

「うーん、個人的にはいまの規模が好きだけど、この子たちの将来を考えると、規模を大きくしたり、ほかのNGOと手を携えていくことも必要になると思うわ。本来は、わたしが日本で支援金を集める立場なのに、いまは、S旅行におんぶにだっこの状態で、自立しなければとは思っているの。ただ、実際活動をはじめたときは、ひとりだったから、身動きが素早くできてよかった。ほかの大きな団体よりも、早くに成果があらわれたもの。たとえばこのホームの建設だって、結局地元の男性たちが、手弁当で作ってくれたのよ。材料費はこちらで用意したけど。でも一般には、個人の団体より、名の通った団体のほうが信頼度が高いかな。だって、この辺じゃ、ほとんどなにも援助活動をしていないのに、支援金だけを集めているところもあるのよ。旅行客が徐々に戻ってきているでしょう？　彼らの懐を狙って、毎週集会を開いているの。フランス人がやってるんだけど、彼らときたら、ホームはかなりボロなのに、自分は山のほうに豪邸を二軒も建てたのよ」

渋谷さんが言っていたように、かならずしも小さな団体こそが支援のしがいがあるというものでもなさそうである。

テーブルに突っ伏して、眠りこけるこどもが出はじめる。

「ではみなさん、そろそろこの辺でお開きにしましょう」

と神田さんが言った。

「後片付けは、この子たちと一緒にお願いします」

神田さんは席を立ち、赤ん坊を抱いたまま、隣に座っていた子の手を引いた。

年長者の女の子を筆頭に、大きい子たちがゆっくりと皿を片付けはじめる。

小さい子たちは、神田さんのあとについていく。

「岡崎さん、おトイレに連れてってくださらないかしら？」

長谷川さんが、三島さんと顔を見合わせ、不安そうな顔で言う。

「だって、わたしたち、懐中電灯なんて持ってこなかったんだもの」

「それに連れ去られでもしたら、恐いでしょ」

三島さんの言い分は、ちょっと違うとぼくは思ったが、あえてなにも言わずにうなずいた。幼稚園児じゃあるまいし……と思ったところで、邪険にできるはずもない。

「岡崎さん、遠くにいかないでよ」

「もうちょっと下のほうを照らしてください」

とトイレの中から二人は弱々しい声を出す。

続いて何人も女性陣が、裏のトイレにやってきたから、ぼくはしばらくトイレ番のようなものだった。

ヤシの木がガサガサと風に揺られて音を立てていた。

夜空には満天の星が散らばっている。

その夜、ぼくはなかなか寝つけなかった。

隣でアニルが安らかな顔をして眠りこけている。

いつも剽軽《ひょうきん》な彼が、苛酷《かこく》な人生を生きているなんて、想像もつかなかった。こどもたちや神田さんも、心の中には深い悲しみを抱えたままである。

癒される日は来るのだろうか？

夕食もとらないで、寝込んだままの飯島さんの具合は？

みんなこのツアーに満足してくれるのか？　だいたい腹は減ってないのか？　ぼくは満腹だったけど……。

そんなことを考えていると目が冴《さ》えて仕方がなかった。

ようやくうつらうつらしはじめると、アニルの肌がベタッとくっついてきた。

まだ我慢ができた。

しかししばらくすると、アニルが猛烈な鼾《いびき》をかきはじめ、蚊に刺されまくった。

それでもぼくはいつしか眠りに落ちた。

朝、目が覚めたら、気色の悪いことに、アニルと抱き合っていた。

共同生活

この日は朝から、男性陣はバスの車庫造りを手伝った。

近所の男性や主婦たちも手伝いにきてくれている。

女性陣は、ホームの中の掃除と昼食作りだ。

若い棟梁《とうりょう》が指示を出し、ぼくたちは木材や板、トタンを運んだり、釘《くぎ》を打ち付ける人の手元となって働いた。

五人いる男性陣の中で、もっとも活躍していたのは平田さんである。

板金と大工仕事は違うだろうが、年齢を感じさせない身軽さで、彼は梁《はり》が通っただけの屋根に乗り、トタンを打ち付けている。

「岡崎くん、気持ちがいいぞ。きみも上がってきたらどうだ?」

はしごを登り、トタンを持ち上げたぼくに、平田さんが威勢のいい声を掛けてくる。

「いやあ、でも恐いですから……」

「なに言っとる。いい若いもんが」

ぼくはトタンを平田さんに手渡すと、渋々屋根に上がった。

勾配《こうばい》はさほどないけれど、滑ったら事である。腰を落として用心しながら、トタンを張りつけた部分を尻をいざらせるように前に進んだ。

ヤシの木立の間から、白い砂浜とエメラルド・グリーンの海が見通せた。

「あんなにきれいな海が、すぐそこにあるのにな。まだ半数以上の子たちは恐くて海に近寄れないって言うじゃねえか」

今朝、神田さんから聞いたことである。

「地元の人の話によれば、津波が迫ってきたとき、海が襲ってきたと思ったらしいわ。津波なんて言葉は、ほとんどの人が知らなかったから。いまでは『つなみ』は共通語になったけど、海が恐くて近寄れない子もたくさんいるのよ」

だから、女の子がひとりいなくなったとき、しばらく浜辺には捜しにいかなかったのだそうである。

「でもこどもって、凄《すご》いって思うの。この子はなにも考えていなかったんだろうけど、どこかで津波の悲劇を乗り越えようとしている。それでしぜんと海を見に行ったんじゃないかしら。見つかったとき、ひとりで砂のお家をいくつもこさえていたのよ。このあたりにたくさん家が建っていたときのことを思い出していたのかも」

そう言って、神田さんは隣に座った女の子の頬を擦《さす》った。

「岡崎さーん、平田さーん、一枚いきますよ」

と五十嵐さんが、一眼レフを片手に地上から呼び掛けてくる。

「オウ、いっちょカッコよく頼むぞ！」

と平田さんは立ち上がりかけ、よろめいて、

「おっと、いけねえ。危ねえ、危ねい……」

と座り込む。

五十嵐さんは、早朝から起きだして、トゥクトゥクを拾い、ハンバントタ周辺を撮影してきたらしかった。是が非でも個展を開くと言って、スマイル・ホームのこどもたちや建物、働くみんなを撮っているのだ。

そして日本で個展方々報告会を行い、支援者を募るのだそうである。

平田さんも地元で有志を集めると張りきっている。

「岡崎さん、お願いします」

と客のひとりの男性が、恐々ながら、トタンを持ってはしごを登ってきた。

「ハイ、受け取った！」

とぼくは返事して、平田さんが釘を打ち付ける近くにトタンを運ぶ。

みんないい顔をしている。

晴れ渡った空のようである。

ぼくの心配なんて杞憂《きゆう》だったのかもしれない。

いくら食事が口に合わなくて、宿泊するのも狭い部屋だからって、それがどうした？

……なのである。

屋根に上がっていると、トタンの反射熱で滝のような汗が流れ出た。タオルで顔を拭《ふ》きながら作業が続く。

ホームの建物のほうから、香ばしい匂いが風に運ばれてきた。

昼食は、スリランカ名物とも言える、カレーパンとコロッケだ。小耳にはさんだところによれば、魚のほぐした身をカレー味で煮込んで、中に入れるらしかった。あと、ジャガイモの入ったものもある。

「岡崎さーん、ちょっといいかしら？」

と長谷川さんと三島さんが姿を見せた。

めずらしく渋谷さんは、二人に付き従うような恰好《かっこう》で、物思いにふけっているふうである。

ぼくは平田さんたちに声を掛け、はしごを降りた。

タオルで拭《ぬぐ》っても拭っても、なかなか汗は引いていかない。

アニスが水を持ってきてくれ、飲んでやっと人心地がつく。

広場では、五十嵐さんがこどもたちの遊ぶ様子をカメラにおさめていた。

「実はね、女性陣みんなで話したんですけれど、今晩はホテルに泊まりたいなっていうことになって……」

と、いかにも申し訳なさそうに、長谷川さんが口を開いた。

「お昼を食べたら、ひと段落するでしょう？　希望者だけでいいですから、どこか泊まれるところを用意してもらいたいんです。もちろんツアー代金とは別会計で構いません。それと夕食に朝食付きということで」

三島さんが、長谷川さんの話を継いだ。

渋谷さんの後ろには、少し離れたところで、まだ三歳くらいだろうか男の子が、鼻水を垂らして、指をしゃぶりながら渋谷さんの背中を見つめて立っている。

「おトイレもそうだし、シャワーも浴びる気になれない。食事も喉《のど》を通らないでしょ。それに夜は暑いし狭いし、蚊の大群にまで襲われて、みんなよく眠れなかったし……」

長谷川さんは、ひと通り苦情を述べる。

朝食は、神田さんお手製のストリング・ホッパーだった。

ストリング・ホッパーとは、米粉《こめこ》を練って作った素麵《そうめん》みたいな食べ物である。ただし麵状ではあるけれど、一本一本の麵はくっつき、固まりとなっている。これを蒸して、カレーをかけて食べるのだ。

昨夜の残りのタロイモカレーと、青菜とココナッツの炒《いた》め物を混ぜて食した。練り込むように食べると結構うまい。

でも夕食と同様、とくに女性陣はほとんど手を付けなかった。彼女たちは、日本から持ってきた菓子類で空腹をしのいでいたらしい。

石本さんがそんなことを言っていた。

スリランカは、自然や遺跡は世界に通用する観光国ではあるけれど、いかんせん食に関しては、かなり貧弱である。ホテルやツーリスト専用のレストラン、中華料理屋、最近徐々に増えてきている清潔なレストランもあるにはあったが、庶民の食堂となると、外国人の口には合わないところがほとんどだ。だからコロンボやキャンディ以外の、ファーストフードの店もない地方では、とくに個人旅行がしにくいとも言えた。東南アジアほど食の文化は発達していないのである。

これまでは、ツーリスト専用のところばかりで食べてきたから、みんなスマイル・ホームの食事には、かなり抵抗があったにちがいない。

加えて眠れないでは、彼女たちの申し出も理解はできる。

「そうですか……」

とぼくはため息を吐いた。

やはり多くの人たちは、体験ツアーに耐えられないのだ。

「頭ではわかっているのよ。このツアーのよさは。でも体が受け付けてくれないの」

と、渋谷さんが女性陣の気持ちを代弁するように言う。

散々悩んだ末に、出した結論なのだろう。

渋谷さんの重苦しい表情が、なにより雄弁に語ってくれている。

ぼくはアンケート結果を想像し、落胆した。

結局作戦がうまく運ばず、この体たらくである。

近藤さんと飲みにいく楽しみはともかくも、今後スマイル・ホームが、S旅行の手助けなしで、どうやって運営していけるのか疑問だ。もし閉鎖にでもなったなら、こどもたちはどうなってしまうのだろうか。

ぼくは、広場で五十嵐さんとはしゃぐこどもたちを見た。

でもいまは、客の要望に応《こた》えるのが添乗員の仕事だ。

「だいじょうぶ、ホテルはなんとでもなります。昼食後には探してきます」

とぼくは返事した。

予約なしで泊まれるホテルなど、いくらだって見つかるはずである。街の中にはたしかハンバントタ・レストハウスがあった。満室ならば、サファリの基地になっているティッサマハーラーマに行けばいい。あの街にはホテルは多い。

長谷川さんと三島さんが、ほっとしたような顔を浮かべる。

その反面、渋谷さんは沈痛な面持ちである。後ろで男の子が、少しずつ彼女ににじり寄っていた。

そこへ石本さんが、息急《いきせ》き切って駆け込んできた。

「飯島さんが、飯島さんが……」

と石本さんは目を剥《む》いて、建物のほうを指差した。

「飯島さんがどうかしたんですか？」

ただならぬ石本さんの様子に、ぼくは彼女の肩を両手でつかんで揺さぶった。

「落ち着いて、話してください」

飯島さんは、今朝見に行ったときには、眠っていた。熱もなく、風邪は峠を越したのだろうと思っていたのだ。

「それが、目を覚ましたら、うめいたり、泣き喚《わめ》いたり、なにかに怯《おび》えるようにガタガタ震えているんです。さ、早く、早く来てください」

ぼくは石本さんに、手を引っ張られるかたちで駆け出した。

ボランティアの心

飯島さんは、部屋の隅に積んであった布団に腰を下ろして寄り掛かり、独り言をつぶやいていた。

「飯島さん！」

と石本さんが声を掛けても反応はない。

じっと彼女は床を見つめたままだ。

でもそれは、床を見ているというよりも、床に映った映像でも見つめているようである。

しばらく飯島さんは、身動きひとつしなかった。

いくつもの足音が窓の外から聞こえた。

日本と違ってここの建物には、床下というものがない。地面に直接コンクリートを打ち、その上からフローリングを施している。

だから窓もかなり低めになっており、開け放たれた窓からは、こどもや客の面々が顔を覗《のぞ》かせる。

「だいじょうぶ⁉」

と渋谷さんが、みんなとは反対側のドアから姿を見せる。先ほど見かけた男の子が、彼女のズボンをしっかり握って立っていた。

飯島さんがハッと顔を上げた。

目は見開かれ、真っ赤になっている。瞼《まぶた》は腫《は》れ、涙を流したあとが残る。

突然彼女は大声で叫びだした。

「わたしは、卑怯者《ひきょう》なのよ！　生き残るべきじゃなかった。死ねばよかった！　大勢人が死んでいた。水で膨らんで風船みたいになっていた。あの人たちは血を流していた。ひとりで歩けない人もいた。次から次へと学校に人が運ばれてくる。みんな全身ドロまみれだった。苦しそうにうめく人がいた。こどもたちは泣き、大人たちも泣いていた。放心したみたいに歩き回っている人がいた。必死になって、親を、子を、捜している人たちもいた。さっきまで生きていた人が、目を剥いて死んでいた。するとその人はどこかに連れていかれて、またべつの人がベッドに運び込まれた。ケガの軽い人たちが、動けない人たちを励ましてくれていた。わたしのところにも来てくれた。だいじょうぶって、抱き締めてくれた。英語のわかる人が来てくれた。日本人か？　日本に連絡してやるから心配するなって。歩けるようになった人たちが、まだ本当は傷が痛いはずなのに、助けてもらうほうなのに、人を助けるほうにまわった。それなのに、わたしはお父さんが迎えにきてくれると、逃げるように日本に帰ったの。隣のベッドに泣き叫ぶ女の人がいた。お腹が大きかった。お医者さんが診てくれていたけれど、きっと亡くなった……」

ぼくも石本さんも、渋谷さんも、驚愕《きょうがく》の思いで飯島さんの叫びを聞いていた。

窓に顔を並べたほかの面々も同様である。

まさか彼女が津波の被災者だったなんて、考えもしなかったのだ。

ツアーがはじまった当初から、彼女は顔色がすぐれなかった。飛行機の中では何度もトイレに駆け込んで戻していたようである。ほとんどだれとも話をせずに、いつもなにかを考え込んでいるようだった。

くしくもポロンナルワで、五十嵐さんが指摘したことは当たっていたのだ。

いったんはよくなったと思いきや、たぶん現場がハンバントタ近辺だったのだろう。彼女は自分で自分を支えきれなくなったにちがいない。

そんな飯島さんに、だれも声を掛けてあげることもできないでいた。

彼女の経験したことは、あまりに重すぎるのだ。

励ますにしても、どう励ましていいのかわからない。

ぼくだけでなく、全員がそんな表情だった。

「やっぱりあなただったんだ」

と、いつしかドアのところに立っていた神田さんが、部屋の中に足を踏み入れた。いつものように赤ん坊を抱き、小さな女の子がそばにいる。

「どこかで見たことがあると思っていたのよ」

と彼女は言った。

「でもあなたはあの時、両足を骨折していて動けなかったから、しょうがないのよ」

やさしい声で、神田さんは飯島さんに語り掛けている。

「でもわたし、助けてもらっただけで、なにもしていない。なにも恩返しができてない！」

「そんなに自分を責めないで」

「だってわたし看護師だったのよ。それなのに……隣のベッドにいたあの女性は、きっと亡くなっている。お腹に赤ちゃんがいたって言うのに」

飯島さんはまたブルブルと震えだす。

彼女に近寄ろうとするぼくと石本さんを、神田さんが制した。

見れば、神田さんのそばで立っていた女の子が、するすると飯島さんに近寄っていく。

こどもたちが何人か、年長者の女の子を先頭に、窓を乗り越えて部屋に入り込んできた。

それはまるでごく自然な振る舞いのようだった。

こどもたちはゆっくりと、飯島さんに近寄った。ひとり、またひとりと、彼女の肩や背中に抱きついた。

飯島さんの震えがおさまってくる。

「いつもね、こうしてみんなで支え合っている。とくに夜、寝るときは寂しくなるでしょ？　津波のことを思い出し、亡くなった両親のことを思い出し、悲しくて堪《たま》らなくなることだってある。わたしは現場にいなかったけど、最愛の人を亡くした。でも現場の悲惨さを目に焼きつけたこの子たちは、もっと辛《つら》いはず。それなのに、悲しみにくれるわたしのことを抱き締めてくれるのよ。こんな小っちゃい体でね。一所懸命生きていこうとしているの。こうしてみんなで抱き合って……」

神田さんの話し声に、面々の嗚咽《おえつ》する声が重なって、窓の外からも届いた。

石本さんや渋谷さんも、立っていたその場でうずくまる。

渋谷さんにしがみついていた男の子が、安らかな顔をして、彼女の背中に赤いほっぺを

くっつけている。石本さんにも、別の子が体を寄せた。

神田さんがしみじみと語りはじめた。

「わたしがハンバントタに着いたその日のことだったわ。持ってきた物資をあらかた獲られてフラフラとあの小学校に入っていった。中にはケガをした人たちが大勢収容されていた。まだ血の臭いや傷口が化膿《かのう》したような臭いが充満し、ハエが飛び交っていた。医師や看護師が患者を見回ると同時に、どのベッドにも、傷ついた人たちをいたわる人たちが寄り添っていた。わたしには親が見つからない三人のこどもたちが付いていたっけ。あの時は、だれもひとりになっている人などいなかった。手を握り、抱き合い、涙ながらに話をし、励まし合っていた。悲惨な状況に変わりはないけど、胸が締めつけられるような温かさも感じたわ。スリランカの人たちは、ふだんからとっても親切だけど、こんなにも他人を思いやれる人たちがいるんだって、心が震えた。すると日本人の男性が、NGOや大使館の人たちに抱えられるように入ってきたの。近くにいた人に話を聞くと、なんでもスキューバダイビングをしていてケガをした、日本人女性が収容されていると言う……」

「それが飯島さんだったんですね？」

ぼくの問いに、神田さんは静かにうなずいた。

「そう、わたしも同じ日本人だから声を掛けようと思ったの。でもその日本人男性は彼女のお父さんで、迎えにいらしたらしかった。お父さんは娘を抱き締めて、周囲をはばかることなく泣いていた。彼女は担架に移される。でもその彼女は、隣のベッドでいまにも息を引き取ろうとしている女性に、しがみつこうとしていた。シーツをギュッとつかんで、離さない。赤ちゃんが、赤ちゃんが……と叫びながら」

五十嵐さんが写真を撮る、無機質なシャッター音だけが室内には響く。

でもそのシャッター音には、どこか鬼気とした気迫のようなものを感じた。

神田さんは、写真を撮られていることにも気がつかないようである。おだやかな表情のまま話し続ける。

「その彼女、お父さんと再会できた喜びよりも、ベッドを離れることを嫌がっていた。医師や看護師、それに周囲にいた人たちが、ひとりずつ彼女をそっと抱く。みんなシンハラ語で話していたから意味は通じたかどうかわからないけど、きっと心は通じたはずよ。ありがとう……一緒にいてくれてありがとう。みんなそう言って、彼女に感謝していたわ。動けない体でも、あなたは一所懸命みんなのことを気遣ってくれたって」

こどもたちに抱きすくめられた恰好《かっこう》の飯島さんは、猫のように体を丸めて、目をつむり、小刻みに体を震わせていた。ただ先ほどまでの震えとは、明らかに雰囲気が違ってきている。

「飯島さん、あなた、忘れ物を取りに戻ってきたんじゃないの？　もう一度、現場に立ってみたかった。そうしないことには、前に踏み出せないような気持ちがあった」

神田さんの問い掛けに、飯島さんは小さくうなずいた。

彼女は、看護師としてなにもできずに、日本に逃げ帰った自分を許せなかったのかもしれない。第三者の目から見れば致し方のないことであっても、本人は帰国したことを納得していなかったのだ。だから飛行機の中で吐きながらも、飯島さんは戻ってきた。

ぼくは人間って不思議なものだとつくづく思った。

ふつうなら悲惨な体験をした場所など、金輪際近寄りたくないと思うだろうに、戻らなければ解決しないこともきっとあるのだ。

「神田さん、今晩はこの子たちと一緒に寝たいんだけど……」

と渋谷さんが、声にならない声で神田さんを見る。

長谷川さんと三島さんが、泣きながらなにか言っているけど、まったく言葉になっていなかった。でも意味はわかった。ここに泊まるということだ。

石本さんは近寄ってきた少女を抱き締める。

坊主頭の平田さんには、何人ものこどもたちがぶら下がっている。平田さんは太い眉毛《まゆげ》が垂れ下り、涙で濡《ぬ》れた目で、これ以上ないような笑顔を振り撒く。

五十嵐さんは俊敏な動きでシャッターを押し続けていた。

ほかの面々も、こどもたちの頭を撫《な》でたり、頰を擦《さす》ったり、鼻水を拭《ふ》いてやったり、まるでわが子や孫に接しているようだった。

人は人のぬくもりで、心まで温め合える存在なのだ。そこには助ける人も助けられる人もない。出会えたことが喜びになる。

ぼくは、アンケート結果など、もうどうでもよくなっていた。

アンケートをよくしよう、そのためには作戦をどうしようなんてのは、添乗員の思い上りだったのだ。

みんなを見ていてそう思う。

これからぼくがなすべきことは、客の面々とスマイル・ホームのこどもたちの姿を、正確にS旅行に伝えることである。

その結果、よもやS旅行がスリランカ支援プロジェクトを中止したとしても、ぼくにはどうすることもできない。

ただきっと、スマイル・ホームへの支援は続くのだ。

そう確信できた。

平田さんと五十嵐さんが活動すると言っている以上、渋谷さんや石本さんが黙っているわけがない。

神田さんの活動が、近藤さんの心を動かし、さらに支援の輪が広がっていく。日本での活動の中心がS旅行から、またべつのかたちに変わっていくのかもしれない。

でも、それはそれでいいんじゃないか。

ツアーの問題点をあげるとすれば、はじめから客のみんなもこどもたちと一緒に寝るようにしたらいいということだけである。

きっと支援者たちもわかってくれる……。

こどもたちに抱かれて、飯島さんの呼吸や表情も落ち着いてきた。

「飯島さん、いい知らせだってあるのよ」

と、神田さんが彼女に近づき微笑みかける。

「お母さんは亡くなったけど、あの時のお腹にいた赤ちゃんは無事だったの。きっとお母さんが懸命に守ってくれたのね。それがこの子。お父さんも行方不明のままだから、わたしが育てることになった。……抱いてあげて」

飯島さんの顔がパッと明るくなった。

彼女の忘れ物とは、きっとこの赤ん坊のことだったのだ。

あの時、隣のベッドで、まだ母親のお腹の中にいたこの子のことが、気掛かりで仕方がなかったにちがいない。
飯島さんは、赤ちゃんを神田さんから抱き取った。
「よかったね。生まれてきてよかったね」
と大粒の涙をこぼす。
その言葉は、彼女が自分自身に言い聞かせているようでもある。
飯島さんに抱かれた赤ちゃんは、手足をバタつかせながら、キャッキャと笑った。

あとがき

この本が出版されるころには、サッカーW杯ドイツ大会の結果が出ていることだろう。大本命のブラジルか、開催国のドイツか、はたまた番狂わせでも起こって、意外な国が優勝しているのだろうか。

海外の旅先で、サッカーの話題ができるようになったのは、せいぜいこの十年くらいのものである。以前は、日本はW杯に出場したことがなく、おもにヨーロッパ人たちの間で盛り上がっても、日本人はカヤの外に置かれて、話にならない有様だった。

それが一度フランス大会に出場するや、サッカー通の人たちから、「日本のパス回しはいいんじゃないか」とか、「まだまだだね」とか、いろいろ言われるようになった。

さらには衛星放送の発達で、たとえばベトナムのお好み焼き屋でも、当時はイタリアのセリエAの試合を放映しており、ぼくが日本人だとわかると、店員が「ナカタ！」とテレビを指差し、教えてくれるほどになったのである。

いまや中田英寿選手は、間違いなく世界でもっとも有名な日本人のひとりになっている。

ぼくは別段サッカー通ではないけれど、ここ十年来のこんな変化がおもしろかった。サッカーW杯を通じて、世界の多くの人々が、世界を肌で感じられ、共通の話題を持てるのだ。

前回日韓共同開催のW杯では、ほとんどの人に馴染《なじ》みのなかったカメルーンが、なかなかキャンプ地の大分・中津江《なかつえ》村（現・日田《ひた》市）に到着しなくて、大会がはじまる前の話題をかっさらっていった。

カメルーンの人って、のんびりしていてお茶目だな。でも運動能力はかなり高いぞ。それに、村を挙げてカメルーンの選手団をもてなす中津江村の人たちもなかなかいいぞとだれもが思ったにちがいない。

今回日本は、馴染みのあるオーストラリアにブラジル、それにどこにあるのかよくわからない人も多いだろう、クロアチアと試合を行なう。

オーストラリア人はやっぱりデカイな。ブラジルはさすがサッカー王国だ。クロアチアって、アドリア海を隔ててイタリアの隣にあるんだな。ドゥブロブニクはきれいな街で、世界遺産にもなっている……などとそれぞれ感想を抱くかもしれない。

世界は確実に近くなっている。そしてサッカーW杯は、報道だけではわからない、素の人々の顔が、テレビに映し出される。だから余計に実感が湧くというものだ。

「どうして海外に行くようになったんですか?」

と、たまに質問を受けることがある。

どうしてだろうと、つらつらと考えてみて、ぼくが行き当たるのは一九七〇年の大阪万博だ。

迷子になったぼくは、迷い子センターだったかに連れていかれた。そこにはいろんな国の迷子たちが収容されており、言葉もわからないけど、親が迎えにくるまでみんなで遊んでいた記憶がある。

「これが世界だ、ワールドだ」

とその時は思わなかったけど、疑似異国体験をしたのである。

たぶんそれから、世界の秘境とかの本を読むようになった。

今回のW杯で、どれほどの人たちが、世界を垣間見るのだろうか。

そしてそれがきっかけとなり、旅立つ人もいるんじゃないか。

ぼくはなんだかウキウキとなる。

他人《ひと》事じゃなく、ぼくだって、旅に出たくなるに決まっているのだ。

さて次は、どこを旅してみようかな。

いつだって、想像以上のことが起こる海外旅行は、ぼくにとってのW杯みたいなものである。

さて、みなさんは、どこに行きますか？

二〇〇六年六月九日　下田にて

岡崎大五

本書は、文庫書き下ろし作品です。

添《てん》乗《じょう》員《いん》漂《ひょう》流《りゅう》記《き》

岡《おか》崎《ざき》大《だい》五《ご》

角川文庫 14309

平成十八年七月二十五日　初版発行

発行者――井上伸一郎
発行所――株式会社角川書店
東京都千代田区富士見二―十三―三
電話　編集(〇三)三二三八―八五五五
　　　営業(〇三)三二三八―八五二一
〒一〇二―八一七七
振替〇〇一三〇―九―一九五二〇八

印刷所――暁印刷　製本所――BBC

装幀者――杉浦康平

落丁・乱丁本はご面倒でも小社受注センター読者係にお送りください。送料は小社負担でお取り替えいたします。

定価はカバーに明記してあります。

お 41-7　ISBN4-04-365407-3　C0195

角川文庫発刊に際して

角川源義

第二次世界大戦の敗北は、軍事力の敗北であった以上に、私たちの若い文化力の敗退であった。私たちの文化が戦争に対して如何に無力であり、単なるあだ花に過ぎなかったかを、私たちは身を以て体験し痛感した。西洋近代文化の摂取にとって、明治以後八十年の歳月は決して短かすぎたとは言えない。にもかかわらず、近代文化の伝統を確立し、自由な批判と柔軟な良識に富む文化層として自らを形成することに私たちは失敗して来た。そしてこれは、各層への文化の普及滲透を任務とする出版人の責任でもあった。

一九四五年以来、私たちは再び振出しに戻り、第一歩から踏み出すことを余儀なくされた。これは大きな不幸ではあるが、反面、これまでの混沌・未熟・歪曲の中にあった我が国の文化に秩序と確たる基礎を齎らすためには絶好の機会でもある。角川書店は、このような祖国の文化的危機にあたり、微力をも顧みず再建の礎石たるべき抱負と決意とをもって出発したが、ここに創立以来の念願を果すべく角川文庫を発刊する。これまで刊行されたあらゆる全集叢書文庫類の長所と短所とを検討し、古今東西の不朽の典籍を、良心的編集のもとに、廉価に、そして書架にふさわしい美本として、多くのひとびとに提供しようとする。しかし私たちは徒らに百科全書的な知識のジレッタントを作ることを目的とせず、あくまで祖国の文化に秩序と再建への道を示し、この文庫を角川書店の栄ある事業として、今後永久に継続発展せしめ、学芸と教養との殿堂として大成せんことを期したい。多くの読書子の愛情ある忠言と支持とによって、この希望と抱負とを完遂せしめられんことを願う。

一九四九年五月三日